Benjamin S. Barton

Benjamin Smith Barton's Abhandlungen über die vermeinte Zauberkraft der Klapperschlange und anderer amerikanischen Schlangen

Und über die wirksamsten Mittel gegen den Biss der Klapperschlange

Benjamin S. Barton

Benjamin Smith Barton's Abhandlungen über die vermeinte Zauberkraft der Klapperschlange und anderer amerikanischen Schlangen
Und über die wirksamsten Mittel gegen den Biss der Klapperschlange

ISBN/EAN: 9783744609050

Hergestellt in Europa, USA, Kanada, Australien, Japan

Cover: Foto ©berggeist007 / pixelio.de

Weitere Bücher finden Sie auf **www.hansebooks.com**

BENJAMIN SMITH BARTON'S

Dr. der Arzneygelahrtheit, und Mitgliedes der Gesellschaft
der Wissenschaften zu Philadelphia u. a. m.

Abhandlungen

über die

vermeinte Zauberkraft der Klapperschlange
-und anderer amerikanischen Schlangen;

und über die wirksamsten Mittel
gegen den Biſs der Klapperschlange.

Aus dem Englischen überſetzt, mit einer Einleitung
und erläuternden Anmerkungen verſehen

von

E. A. W. von ZIMMERMANN,

Hofrath und Profeſſor in Braunschweig.

Leipzig, 1798.
bei Reinicke und Hinrichs.

Einleitung.

Unter den unzähligen Wohlthaten, womit die Naturwiſſenſchaften das Menſchen-
geſchlecht beglückten, ſteht der Würde
nach unſtreitig die Veredlung des Geiſtes
und die Verſcheuchung ſchädlicher Vorurtheile auf der oberſten Stufe.

Freilich rettete die genaue Beſtimmung
der Ebbe und Fluth manchem Seefahrer
das Leben, manchem Handelsmanne das
Vermögen; Fränklins Ableiter ſchützte
Städte und Dörfer vor der Verheerung
durch das Gewitter; die Chinarinde, der
Kampfer und der Merkur entriſſen Tauſen-
de dem frühzeitigen Tode; die Aeolsharfe
entzückte das Ohr, und der Indigo oder
die Cochenille reitzten das Auge. Allein
der edlere, weiterumfaſſende Zweck für
den Menſchen bleibt ſtets, das Beſiegen

der

der Vorurtheile, das Emporhelfen feines
Blicks zur Anfchauung der Zweckmäfsigkeit
der erhabenen Natur. Dort wirkt der
Gewinn, fo fchätzbar er auch immer fein,
mag, nur paufenweife, fchränkt fich nur
auf eine gewiffe freilich oft anfehnliche
Anzahl von Individuen ein; hier befreien
·fich ganze Nationen auf alle Zeit' von den
Feffeln des Aberglaubens. Der Zauberer
hat keine Macht mehr über den Kundigen;
das vormals gefürchtete Verdunkeln des
Mondes wird ihm jetzt der Wegweifer auf
dem weiten Meere; ohne lange Wahl der
Tage geht ihm der Gang feines Fleifses in
aller Richtung ununterbrochen fort; und
jede feltne Naturbegebenheit bietet ihm
nur neuen Reiz zur weitern Entwickelung
feines Geiftes, und zu neuer Feier des er-
habenften Urwefens.

Diefen edleren Lohn gewann man aber
jenen Kenntniffen nur erft fodann ab, als
fie anfiengen, fich zu einer grofsen Wiffenfchaft auszubilden; die früheren, und
noch weniger die früheften Zeiten, ahne-
ten ihn kaum. Damals dienten die Na-
tur-

turkenntniſſe ſelbſt nur kärglich ʒum Befriedigen der rohesten Bedürfniſſe. Nur
in einʒelnen Fällen minderte die Entdek-
kung einer Eigenſchaft dieſer oder jener
Pflanʒe, das Leiden des Kranken; der durch
ein ʒufälliges Feuer ʒum Glaſe geſchmol-
ʒene Kieſel, ʒeigte weder des Jupiters
Trabanten, noch das Samenthierchen; und
das vom Magnet ʒurückgehaltene Eiſen des
Schäferſtabes, wandelte die Nadel nicht
ʒum Führer des Schiffers.

Der Geiſt der genauen Beobachtung
und des kunſtreichen Befragens der Natur,
war den Alten faſt gänzlich unbekannt.
Von dem gröbern Benutzen und Genieſsen
der natürlichen Körper, ſprangen ſie ʒu
den unnützen Spekulationen über die
Grundſtoffe derſelben. Selbſt die weiter
gegen uns herabliegenden Jahrhunderte des
Wiedererwachens der Wiſſenſchaften, ſpiel
ten nur ʒu häufig, oftmals mit gröſstem
Aufwande von Scharffſinn, in ʒweckleeren
Spitzfündigkeiten über das Entſtehen der
Materie, ohne dieſe weiter einer wirklichen Unterſuchung ʒu würdigen.

Frei-

Freilich lernten der Arzt und der Krämer, beim weiteren Fortrücken der Kultur, mehrere Heilpflanzen und Farbenmaterialien kennen; ja der Gauckler nutzte schon hin und wieder einzeln aufgefafste Naturkräfte zum Betruge des Volks. Aber faft alle Nationen staunten jedes nicht tägliche Phänomen mit stupider Furchtfamkeit an, und flöfsten diese ihrer aufkeimenden Nachkommenfchaft ein.

Damals trieben die Aftrologie und Alchemie ihr Unwefen; und wer fich mit der Unterfuchung der Natur wirklich befafste, galt entweder für einen Heiligen oder für einen Zauberer. Faft jeder leife Argwohn ungewöhnlicher Kenntniffe diefer Art, führte zum Feuer; fogar der grofse Baco ᵃ) entgieng ihm kaum durch eine vieljährige Gefangenfchaft.
Wie

ᵃ) Rogerius Baco, unftreitig einer der gröfsten Männer feines Zeitalters (1214 — 1294), ward, da er fich mit grofsem Eifer auf die Chemie, Phyfik und Mathematik legte, von feinen Ordensbrüdern, den Minoriten, der Zauberei angeklagt. Er entgieng zwar dem Feuer,
aber

Wie hätten aber auch jene verlorne Hinblicke auf die Natur, im Grofsen zu wirken vermocht? Sie ftanden ja felbft für die Geweiheten der Kunft nur noch einzeln da; nirgends bildeten fie ein grofses, wiffenfchaftliches Ganze. Hiezu mufste dem menfchlichen Geifte eine weit reichere Fülle von Thatfachen beftimmt vor Augen liegen, und um diefe fo vor Augen zu legen, mufste die Mefskunde Ordnung und Maas in das Beobachten der Körper einführen. Diefes regelmäfsige Befragen der Natur weckte fodann die edlere Neugierde zum genaueren anhaltenderen Unterfuchen.

Wäh-.

aber er mufste faft bis zu feinem Tode in harter Gefangenfchaft zubringen. Smith und mit ihm Montucla wollen in feinen Werken nicht die Angabe des Fernrohrs finden, obgleich wirklich Wood und Jebb, feine Herausgeber, fehr vieles zur Vertheidigung ihres Landsmanns für fich haben. M. f. hierüber Rog. Baco de vifione fracta; deffen Opus maius, p. 357. Smith Vollftändiger Lehrbegriff der Optik von Kaeftner, Altenburg 1755. S. 388. und Montucla Hift d. Mathem. T. I. p. 324. u. f.

Während deſſen war die Optik weiter vorwärts gerückt; ſie hatte Brillen und Linſen geſchliffen, ja ſelbſt Fernröhre zuſammengeſetzt. In entgegengeſetzter Richtung entdeckte ſie hiedurch zwei neue Welten, die des Gröſsten und des Kleinſten, beide gleich unermeſslich, und beide gleich bewundernswerth.

Nur von jetzt darf man eine der Hauptepochen der Naturwiſſenſchaften anrechnen; denn von nun an ſuchte man ſie nicht nur um ihrer ſelbſt willen zu erweitern, ſondern man formte die ſtets anwachſenden Thatſachen in eine eigene Wiſſenſchaft. Auch machten ſie ſeit dieſer Zeit unglaubliche Fortſchritte; und der Horizont ihrer Nutzanwendung auf das bürgerliche Leben vergröſserte ſich bald unabſehbar.

Der Norden unſeres Welttheils ſchien aber vorzugsweiſe zu dieſer groſsen Periode beſtimmt zu ſein. Denn während daſs der fantaſienreichere Mittag, ein Paar ſeiner ſeltenſten Köpfe ausgenommen, ſich faſt lediglich mit dem höheren Ausbilden ſeiner Sprache und der ſchönen Künſte beſchäf-

fchäftigte, trat dort hingegen eine beträchtliche Reihe der ausgezeichneteften
Männer hinter einander hervor, und ent-
hülleten die Geheimniffe der Natur.

Ihr trefflicher Heerführer *Kopernik*,
durch Purbach und Müllern [h]) vorbereitet,
eröfnete die grofse Laufbahn mit dem Um-
fturze des ganzen, damals angenommenen,
Weltfyftems; aber nur erft hundert Jahr
nach ihm machte der tieffte Kopf vieler
Zeitalter, *Kepler*, diefe Lehren unerfchüt-
terlich.

Galilaei, Baco [c]), Tycho de Brahe, Snel-
lius, Descartes, Kircher, Gaffendi, Guil-
bert, Schott, Guerike, Boyle, Stevin, Tor-
ricelli folgten fchnell auf einander. Sie
legten den Grund, zu den fich bald darauf
für die Naturwiffenfchaft und die Mefskunde in mehrern Theilen von Europa bil-
denden Akademien. Diefe und der erfte
Deutfche, welcher die Experimentalphyfik

a 5 auf

b) Gewöhnlich nach feinem Geburtsorte aus
Franken *Regiomontanus* genannt.
c) Baco de Verulamio.

auf das Katheder brachte[d]), fetzen eine zweite grofse Epoche für die Naturwiffenfchaften
feft. Neuton und Leibnitz ftiegen nun als
zwei grofse Meteore empor, verfcheuch-
ten nebft den Bernoullis und Huygens, die
thörigten, grundlofen Spekulationen, und
verbreiteten das wohlthätige Licht der Na-
turkenntniffe, unter alle kultivirte Völker. Jetzt legte auch die Scheidekunft ihr
Zaubergewand ab, erhielt völlig eine neue
Geftalt und verband fich innigft mit der
Phyfik, ja felbft mit der Gröfsenlehre.

So verfchwand das Sterndeuten, und
die Goldmacherei; der Bannftrahl des Prie-
fters traf nicht mehr die Wanderratte [e]);
die

d) J. Chriftoph Sturm in Altorf lehrte 1669
die Experimentalphyfik. Die erften Akademien waren: 1657 die von Florenz, berühmt
wegen der Verfuche mit dem Waffer, dem
Lichte etc.; 1660 die Londoner; und fechs
Jahr nachher die Parifer.

e) In den ältern Zeiten ward die Wanderratte,
Mus lemmus L, wenn ihre grofsen Heere die
Theile von Schweden zunächft den Gebirgen
über-

die Wafferprobe richtete nicht weiter den Unfchuldigen; die Hexenfeuer verlofchen.

Bei diefen erftaunlichen Fortfchritten der Phyfik war ihre befcheidenere, obgleich ältere Schwefter, die Naturgefchichte, ftets bedeutend zurückgeblieben; und hierdurch ftanden in dem vaften Gebiete diefer Wiffenfchaften fehr beträchtliche Lücken für die Societät höchft nachtheilich offen.

Seit dem allumfaffenden Geifte des Griechen f), fchien fie gleichfam, vergeffen oder verkannt, ins Dunkele geftellt, als plötzlich, auch diefsmal der nördliche Theil von Europa zwei feltene Köpfe erzeugte, die fie aus ihrer unwürdigen Unthätigkeit auf das Wirkfamfte hervorzogen, und

überfchwemmten und verheerten, förmlich von den katholifchen Geiftlichen in Bann gethan. M. f. Olaus Wormius Hift.

f) Ariftoteles Hiftoria Animalium bleibt ftets das Meifterwerk eines philofophifchen Naturaliften; und kein einziger der nach ihm gekommenen Alten und Neueren bis auf Ray. darf fich von ferne mit ihm vergleichen.

und ihren hohen Werth der menfchlichen Gefellfchaft unwiderfprechlich vor Augen legten.

Zwar hatten Gesner und Aldrovand mühfelig in ungeheure Sammlungen faft alles bis dahin in der Naturgefchichte Bekannte zufammengeworfen. Aber nur der fcharffinnige Ray, und etwas fpäter Linné, begleitet von feinem trefflichen Landsmanne Artedi, zeigten fich als die ächten Wiederherfteller diefer wohlthätigen Wiffenfchaft. Noch jetzt bleibt des Engländers telologifches Werk eine fchöne Darlegung s) von der Zweckmäfsigkeit und Weisheit der Natur, und ohne Rays Geift der Ordnung und des Fleifses, hätte Linné fchwerlich das unfterbliche Syftem jemals zu Stande gebracht.

Der Mann, deffen ganzes Leben dahinlief, im mühfamen, urtheilsvollen Unterfuchen, logifchen Beftimmen und fyftematifchen Zufammenreihen der natürlichen Körper;

g) Ray Wisdom of God manifefted in the Works of the Creation. London 1709. 8.

per; in fcharffinnigen Verfuchen über die
Erzeugung organifcher Wefen und im lich-
ten Darftellen des einförmigen erhabenen
Ganges der Natur [h]), verdient zwiefache
Verehrung, wenn er daneben felbft den Begü-
terten fo hoch zu begeiftern vermag, dafs er
fich dem gefahrvolleften Auslande Preis
giebt, um das Gebiet des menfchlichen Wif-
fens zu erweitern, und die Bedürfniffe der
Societät zu befriedigen oder ihre Leiden zu
mindern.

Diefs allein ift der einzige wahre und er-
habene Standpunkt, von welchem man

Lin-

h) Dafs Linné nicht, wie man unkundig wähnt,
ein blofser Naturbefchreiber war, der höch-
ftens ein künftliches Syftem auszufinnen ver-
ftand, beweifst nicht nur der Scharffinn, der
in dem ganzen Syfteme felbft herrfcht, fondern vorzüglich fein treffliches Sexualfyftem,
und der ächte philofophifche Sinn, mit welchem er in die Zweckmäfsigkeit der Einrichtung der natürlichen Körper eindrang, wie
diefs viele einzelne Schriften von ihm darthun;
z. B. die Abhandlungen Oeconomia naturae;
Politia naturae; Somnus plantarum; migratio-
nes avium; Mundus invifibilis u. v. a.

Linnäus Verdienft um die Menfchheit
überfehen und würdigen mufs; und in diefer Hinficht fteht diefer grofse Schwede
ganz einzig da. Ein Heer von Schülern,
voll von Enthufiasmus für die Natur, fandte
er aus feiner gefrornen Zone in alle Welt-
theile und entzündete jedes kultivirte
Reich zur regeften Nacheifrung. Seine
Periode ift unftreitig eine der gröfsten
Wohlthaten für das Menfchengefchlecht.
Arzneikunde, Phyfik, Naturgefchichte,
Anthropologie und jeder Theil der Erdkunde wurden hiedurch bereichert, und
von jetzt erft fühlten es die Oekonomie,
der Ackerbau und alle Kameralkenntniffe,
was fie bis dahin an dem Verborgenbleiben
der Naturwiffenfchaften verlohren hatten.
Wie durch einen Zauber trat von nun an,
eine nie geahnete Anzahl neuer Körper,
neuer lebender Wefen gleichfam aus der
Erde hervor, und mit jedem Jahre, ja faft
mit jedem Monate wachfen fie bis zum
Unabfehbaren.

So find wir dann durch die daurenden Anftrengungen vieler grofser Menfchen mehrerer Jahrhunderte, im Befitz eines erftaunlichen Reichthums von Kenntniffen über die natürlichen Körper und ihre Kräfte. Mögten wir nur nicht, lachenden Erben gleich, diefe fo mühfam zufammengebrachten Schätze verkennen, fie weder unbenutzt laffen, noch weniger in eitlem Aufwande verfchwenden!

Zwar fühlen mehrere vorzügliche Köpfe den ganzen Werth des Erworbenen; legendas grofse Kapital haushälterifch an, und überliefern es ficher durch talentvollen Fleifs, anfehnlich vermehrt, den Nachkommen. Aber wie manchem dient dagegen fein Erbtheil blos zur Befriedigung unfruchtbarer Eigenliebe! Stolz durch die Leichtigkeit des Gewinns, hebt er nur einzeln aufgefafste Thatfachen aus der grofsen Maffe heraus, hüllt fich in das weite Gewand des neumodigen Wortprunks; reifst jedes ihm nicht Frommende nieder; bauet neue Syfteme; fchafft neue Naturkräfte; geht vor dem Verdienfte

feiner

feiner. Vorgänger triumphirend vorüber;
oder benutzt fie ftillfchweigend, und ohne
Erröthen zum Haltbarmachen feines locke-
ren Gebäudes. Warlich es ift leichter über
das Wefen der Dinge gemächlich zu ver-
nünftéln; Namen zu erfinden und Natur-
gefetze zu dichten, als diefe der Natur
felbft, durch taufendfache Thatfachen ab-
zufragen!

Kehren wir doch faft zu den thörichten
Spekulationen der Alten zurück; mäkeln
wie Sextus Empiricus felbft über die Mefskunde; verlieren uns in metaphyfifchen
Geweben; fpielen mit Anziehen, Bilden,
Zeugen, und Grundtrieben, und rücken
in der Kenntnifs der Natur felbft, um kein
Jota weiter! Hätten jene grofse Schöpfer
der Naturwiffenfchaften ihre Talente an
ähnlichen Zwecklofigkeiten verfchwendet,
dann ftände die Erde noch ftille; die Biene
erzeugte fich aus dem Aafe; und unfere
Vorfahren tanzten noch im Irrlichte um
uns her.

Den-

Dennoch bleibt noch ein ungeheures Feld urbar zu machen übrig; ein Feld, was für den Menschen auf so vielfache Art die reichste Erndte verspricht.

Wie ist es, aller angewandten Kräfte ungeachtet, selbst oft nahe um uns her noch so dunkel! Haben wir einen unserer Sinne hinreichend kennen gelernt, und dessen Wirkungskreis in jeder Richtung erweitert? Sogar unser Hauptsinn, das Gesicht, hat uns seit einigen Jahren belehrt, wie das menschliche Talent ihn bis zum vormals kaum glaublichen hinaus zu führen vermag. Selbst Newton hielt die Besserung des Fernrohrs durch Aufhebung der Farben beim Glase nicht wahrscheinlich; Euler widerlegte den grofsen Briten durch scharfsinniges Betrachten des menschlichen Auges; und Dolland setzte, indem er seinem Landsmanne zu Hülfe eilte, dem Deutschen gezwungen den Kranz auf. Wie weit stehet aber die Kenntnis und Benutzung aller übrigen Sinne gegen unser Auge zurück! Wer würde es wagen zu leug-

b

leugnen, dafs auch das Gehör und der Geruch dereinst neue Welten zu entdecken hoffen laſſen? Dafs uns nicht auch dieſſeits und jenſeits der Töne von 20 und 4000 Schwingungen noch andere deutlich werden könnten?

Dafs nicht dereinst Geruchsvergröſserer oder Erweiterer, uns nach Willkühr irgend einen fernen Körper, wie dem Spürhunde den Hirſch, wittern laſſen?

Schon mehrmalen bewieſen Krankheiten, dafs dieſer Sinn, wie auch das Gehör bei dem Menſchen bis zum Unbegreiflichen erhöhet werden könne.

Die ganze Lehre der Meteoren, wie ſchwankend und unſicher ist ſie nicht, und daneben faſt durchaus unerklärbar.

Der Bau, die Phyſiologie des Thieres, und noch weit mehr, der Pflanze, liegt noch in der Dämmerung. So wie dieſes alles aber für uns aus der Dunkelheit hervortritt, ſo ſchwinden tauſendfache Irrthü=

thümer; das wechfelfeitige Einwirken der
Naturkräfte wird fichtbarer; die Haus-
haltung des Menfchen gewinnt unabfeh-
lich; und der Schweis des Landmanns bleibt
den Unfällen weniger ausgefetzt.

Nicht minder wichtig, aber auch
nicht minder fchwierig, ift die Lehro
der Gifte. Sie ift nur zu innigft mit dem
Wohl und Wehe des Menfchengefchlechts
verbunden, und ihre Wirkung ift dabei fo
fonderbar, dafs fie oft einem Zauber gleich
fieht,

Die Toxicologie konnte fich offenbar
nur mit dem Fortfchreiten der Erdkunde
felbft, bis zu ihrem heutigen grofsen Um-
fange erweitern. Die meiften und die
heftigften Gifte, fowohl des Thierreichs
als der Pflanzen, gehören unleugbar der
heifseren Erde. Die Entdeckung der neuen
Welt, das Umfegeln von Afrika und das
Anlegen der Handelsfactoreien an feinen
Küften, endlich das neuere beffere Bekannt-
werden mit Oftindien durch die Portugie-
fen, find daher die Hauptepochen diefer
fürchterlichen Lehre, Haben wir aber je-

nen Ländern die Kenntnifs der Gifte felbft
zu verdanken, fo find uns auch eben daher
manche fchätzbare Gegengifte und Methoden bekannt worden, deren fich die Einge-
bohrnen mit Nutzen bedicnen. In jenen
vaften und reichften Theilen unferer Welt,
ftehen indefs die Kenntniffe unendlich gegen Europa zurück. Die Natur wird nur
von Fremdlingen ftudirt, und diefer dringet
felten weit genug in das Binnenland ein,
oder fein Aufenthalt ift dort zu temporair,
um anhaltend zu beobachten und zu verfuchen.

Wie fchätzbar, wie willkommen mufs
es daher dem Wahrheitsforfcher fein, wenn
Sachkundige, dort einheimifch gewordene
Europäer uns ihre Unterfuchungen über
fo wichtige und bisher fo dunkle Gegenftände mittheilen; denn hier ergiebt fich
aus der Natur der Lage der Dinge felbft,
dafs man von ihnen wichtige Auffchlüffe
erwarten darf. Und diefs ift genau der
Fall bei der hier überfetzt gelieferten Ar-
beit des Herrn Smith · Barton. Seit mehrern

rern Jahren aufmerkfam gemacht auf die
fonderbare Eigenfchaft des Bezauberns der
Klapperfchlange, ftudirte er unbefangen
und genau die Natur diefes Thiers, die
Gefchichte der vermeinten Bezauberung,
die Methoden, ihren Bifs zu heilen, und
die dagegen als wirkfam angegebenen
Pflanzen.

Auf die Art verfchwand denn bald alles
Magifche; der Zauber ward durch die Na-
turtriebe der Thiere felbft erklärbar; und
die Heilkunde gewann durch die Bekannt-
machung der zweckmäfsigften Behandlung
des Kranken.

So einfach, fo unwiderleglich Hr. Barton hier aber auch ein zuvor dunkeles
Phänomen erklärt hat, fo gienge man dennoch ficher zu weit, wenn man eben daher
alles wechfelfeitige Wirken entfernter Körper auf einander, blofs deshalb leugnen
wollte, weil es uns unerklärbar fcheint.

Unleugbar ift der graufe Blick der
grofsen Raubthiere im Stande, felbft dem

Men-

Menſchen die Beſinnungskraft zu rauben,
und hiemit das Vermögen der Gefahr zu
entfliehen. Die Furcht lähmte oftmals
das ſtärkſte Thier i); die vermeinte Ge-
wiſsheit des Todes verwandelte in einer
einzigen Nacht, den Jüngling in einen
Greis k) und plötzliche, heftige, Freude
ward tödlich l).

Dür-

i) Auf dem Cap erſchrack ein ſonſt muthiger Löwe über die tolle Kühnheit eines Ziegenbocks,
der an der Spitze der Heerde es wagte, den
Löwen mit ſtarken Stöſsen anzugreifen, ſo-
ſehr, daſs der Löwe zwiſchen den Beinen ſeines Herrn Schutz ſuchte.

k) Eginhard erzählt, daſs ein Hofmann am
Hofe Carls des Groſsen, dem wegen eines
unerlaubten Umgangs mit einer Hofdame, in
damaligen Zeiten, das Leben abgeſprochen
war, in der letzten Nacht vor ſeiner (vermeinten) Hinrichtung eiſsgrau geworden, ob
er gleich nur ein junger Mann von einigen
zwanzig Jahren war, und braunes Haar hatte,
Der Kaiſer begnadigte ihn,

l) Die Anverwandtin des groſsen Leibnitz fiel
vor Freuden todt nieder, da ſie als Erbin
plötz-

Dürfen aber folche Thatfachen uns auch
noch befremden? Uns, die wir alle Kräfte
der Natur nur der Wirkung und den Namen
nach kennen? Denn wer begreift es', wie
das Gefühl, fei es durch das Sehen, Hören oder Riechen, Abfcheu oder Zu-
neigung in uns hervorbringt? Wie die
Einbildungskraft, in taufend, den obigen
ähnlichen, Fällen den Menfchen plötzlich
umwandelt?

Weit fei es aber entfernt, auf die Weife, hier den Werth des Unterfuchens und
Forfchens herabwürdigen zu wollen; nein,
jene lehrreichen glücklichen Erörterungen
und Verfuche des Hrn. Barton müffen, im
Gegentheile, uns lebhafter hiezu ermun-
tern. Nur dazu möge das Gefagte dienen,
dafs der ächte Wahrheitsforfcher nicht,
nach heutiger nur zu häufiger Sitte, durch
glück-

plötzlich einen Coffer mit einigen taufend
Thalern vor fich fahe. Auch wären ähnliche
Fälle leicht mehrere aufzufuchen.

glückliche Entwickelung einer einzelnen
der unzählbaren unbekannten Gröfsen in
der Natur, fie nun für alle entziffert hälte
oder fie für leicht zu entziffern anfehe.

Qui omnia fe fimulant fcire, nequicquam
fciunt.

PLAUT.

Nicht

I.

Ueber die vermeinte Zauberkraft der

Klapperfchlange und anderer amerikani-
fchen Schlangen.

Nicht allemal waren die Naturaliften zugleich Weltweifen. Hiervon überzeugt man
fich leicht, durch die Oberflächlichkeit
der Methoden, nach welchen viele unter
ihnen die Gegenftände ihrer Wiffenfchaft
behandelten; durch die Leichtgläubigkeit,
womit fie ihre Unterfuchungen anftelle-
ten, und endlich durch die Uebereilung,
mit welcher fie die wichtigften Fragen entfchieden.

Auf diefe Bemerkung brachte mich
vorzüglich jene berühmte Frage über die
Zauberkraft, welche man den amerikani-
fchen Schlangen zufchrieb, und welche
ich in diefem Auffatz unterfuchen werde.

Hier in Amerika hat man von diefem
Phänomen mehr als zuviel gehört und ge-
lefen. Daher weifs dann auch faft jedermann eine dahin einfchlagende merkwür-
dige Gefchichte zu erzählen, fobald nur

A   der

der Sache Erwähnung geschieht; und schon
von früher Jugend an wird uns die Wahr-
haftigkeit dieses Phänomens beigebracht.
Diefs Vorurtheil nimmt dann mit den Jahren zu; ja ich habe gefunden, dafs es selbst
in dem glücklichsten Theil des Lebens, wo
der Geist die gröfste Festigkeit und Be-
stimmtheit erhalten, und daher den min-
desten Hang hat ungewöhnliche Dinge zu
glauben, so tiefe Wurzel gefafst hat, dafs
dadurch alle Gründe der Vernunft, ja
selbst alle dawider sprechende Thatsachen
überwältigt wurden.

Alles, was über dieses Phänomen geschrieben ist, gedenke ich indeffen hier
eben so wenig umständlich zu untersuchen,
als jede dazu gehörende Geschichte oder
Nachricht.

Diefs leidet meine Zeit nicht, auch würde ich sie durch Auseinandersetzung so vieler thörichten Erdichtungen sehr unnütz
aufgewandt halten. Indefs erinnere ich
hiebei dennoch, dafs ich fast alle Bücher
nachgesehen und alle Nachrichten kennen
gelernt habe, welche einige Auffchlüffe
über diese sonderbare Sache enthalten.

Meine

Meine Abficht geht hier vorzüglich dahin, einen allgemeinen richtigen Blick auf
die Frage felbft zu werfen; und hiebei
follen weder kühne, auf Unwiffenheit be-
ruhende Behauptungen, noch wahrfcheinli-
che wiffenfchaftliche Vermuthungen den
mindeften Einflufs haben.

Die Art und Weife, wie fich die vermeinte Zauberkraft der Schlangen äufsert,
ift mehrmalen von verfchiedenen Schrift-
ftellern vorgetragen worden. Ich will hier
mit wenigen Worten einen deutlichen Begriff davon zu geben fuchen.

Die Schlange, von welcher Art fie auch
fei, liegt bei diefer Gelegenheit neben dem
Baume oder dem Bufche, worauf fich der
Vogel oder das Eichhorn befindet, welches fie zu bezaubern gefonnen ift, und
heftet unabläffig ihre Augen auf das Thier.
Hierdurch (fo heifst es in der Sprache derer, welche an die Bezauberung glauben)
fühlt fich letzteres auffer Stand gefetzt zu
entfliehen. Es erhebt vielmehr ein klägli-
ches Gefchrei, welches diejenigen, denen die
Zauberkraft bekannt ift, fofort für das Ge-

fchrei

fchrei eines bezauberten Thieres erken-
nen. Ift letzteres ein Eichhorn, fo läuft
es bis auf eine kleine Weite den Baum hin-
an; kommt wieder herab, läuft dann wieder in die Höhe, fodann abermals herab
und zwar zufolge den Worten eines leichtgläubigen Schriftftellers, erreicht es nie
die vorige Höhe wieder, fondern es kommt
ftets tiefer gegen die Schlange hin, herab.
Während deffen liegt die Schlange ftets mit
unverwandtem ftarrem Blicke auf das Eichhorn geheftet, fo unbeweglich unten am
Baume, dafs man fich ihr unbemerkt nä-
hern kann, ohne dafs fie durch das dadurch
verurfachte Geräufch irre gemacht würde.
Endlich ftürzt das arme Thierchen mit
einem Sprunge der Schlange in den offe-
nen Rachen. Ift es dann nicht zu grofs,
fo wird es auf einmal verfchlungen; im andern Falle hingegen, leckt es die Schlange
einigemale mit ihrer Zunge, um es dadurch leichter verfchlucken zu können [a]).

Es

---

[a]) Der Herr V. fcheint doch dem würdigen
 Kalm, den er hiebei anführt, etwas zu
 viel Leichtgläubigkeit zuzufchreiben; denn
 der

Es wäre nicht fchwer, hier viele — Be-
richte anderer Autoren über die Art diefes Bezauberns, oder vielmehr über das
Betragen der vermeintlich bezauberten
Thiere beizubringen; allein fie ftimmen
in der Hauptfache ziemlich genau mit einander überein. Indeffen wird es denjenigen, welche diefen Gegenftand genauer zu
unterfuchen wünfchen, nicht unangenehm
fein, einige der hauptfächlichften Nachrichten darüber hier beifammen vor fich
zu finden.

Dafs der rohere Theil des Volks, dergleichen unerklärbare Kräfte allgemein für

A 3   wahr

der Schwede fagt ausdrücklich, ehe er diefe
Erzählung giebt: „Es haben mich fo viele
„glaubwürdige Perfonen davon berichtet, wel-
„che bezeugten, dafs fie felbft dabei gegen-
„wärtig gewefen, dafs ich *faft gezwungen bin,*
„ihren einhelligen Berichten Glauben zuzu-
„ftellen, *fo ungereimt mir die Sache fonft vor-*
„*kommt.*" Ich verfpare indefs die Vertheidigung des Schweden für eine andere Note.
Kalms Reifen, 2ter B. der deutfchen Ueberfetzung im X. Bande der Goett. Samml. von
Reifen. S. 457 und 458. 3. Z.

wahr annimmt. diefs ift fehr begreiflich.
Der unaufgeklärte Kopf ift gerade ein
fruchtbarer Boden zum Anbau des Aberglaubens. Alles Wunderbare fafst darin
fehr tiefe Wurzeln, felbft wenn der Glaube
daran, Furcht, Sorge, ja fogar Elend mit
fich brächte; denn die Bande des Aberglaubens vermag weder Religion, noch Tugend,
wohl aber Kenntnifs und Wiffenfchaft zu
zerreifsen.

Daher ift es denn defto merkwürdiger,
dafs felbft Männer von Einfichten und Be-
obachtungsgeift diefen Zauber in feinem
ganzen Umfang haben für wahr annehmen
können; Männer, denen das grofse Buch
der Natur offen liegt; die da gute claffifche
Kenntniffe befitzen; und die Fabeln des
Alterthums, fo fchön fie auch immer die
Poefie eingekleidet hat, für Erdichtung
annehmen, ja die fogar die Wahrheit der
Wunder der heiligen Schrift leugner., obgleich ein grofser Theil derfelben nicht
einmal fo übernatürlich fcheinet, als die
hier zum Gegenftande dienende Zauberkraft
der Schlange.

Ich

Ich habe mich bemüht, die erften Quellen diefes fonderbaren Aberglaubens aufzufuchen.

Weder bei den Griechen, noch bei den Römern habe ich einige Spuren davon entdeckt; und ich glaube daher kaum, dafs man bei ihnen, einige finden wird. Hätte man in jenen Zeiten je geglaubt, dafs die Schlangen dergleichen. Zauberkräfte befitzen, fo würde Lucan ficher bei Gelegenheit der fchönen Befchreibung von dem Marfche der Armee des Cato durch Lybiens Wüften, davon Gebrauch gemacht haben. Wäre aber in den frühern Zeiten des Lucretius hievon etwas bekannt gewefen, wie follte der Verfaffer des trefflichen Gedichts von der Natur der Dinge fo etwas übergangen fein? Indefs mögen tiefre Kenner der alten Litteratur als ich, in andern von mir ungelefenen Autoren Spuren hiervon vorgefunden haben b); ich habe

A 4   meine

b) Ohne mich einer tiefern Nachforfchung über diefe Materie bey den älteren Autoren der Naturgefchichte unterziehen zu können, ift mir indefs folgendes darüber vorgekommen, wel-

meine Unterfuchungen in diefer Hinficht
bisher nicht fo weit getrieben, als ich es
felbft

welches Herrn *Barton* wenigftens zum Theil
entgangen ift.

In der Anmerkung des gelehrten und weit-
fchweifenden Iul. Caef. Scaliger zu dem
XXVIII. Kapitel des Ariftoteles Hiftoria de
Animalibus. De membris irtterioribus animalium in fummis generibus. p. 239. redet Scaliger von fehr grofsen afrikanifchen und afia-
tifchen, 30 und 40 füfsigen Schlangen; hier
heifst es: In Phrygia pedum 40. Addunt fabulam, erectos ad amnem Rhyndacum hiante
ore fupervolantes aves afflatas attrahere. Scaliger nennet, wie diefs nur zu häufig bei ihm
der Fall ift, feinen Gewährsmann nicht. Ich
fand aber bald die Stelle im *Plinius*, woraus
er obiges genommen hat. Im 8 Buche der
Hift. Nat. im 14 Kap. de Serpentibus maxi-
mis et bois fagt *Plinius*: Metrodorus fcribit
circa Rhyndacum amnem in Ponto (er foll aus
dem Olymp feinen Urfprung nehmen) vt fupervolantes quamvis alte perniciterque alites
hauftu raptas abforbeant. Hier ift zwar nicht
von einer eigentlichen Bezauberung, aber
ftets von einem Bemächtigen lebender Thiere, Vögel, durch eine anziehende, in der Ferne wirkende Kraft, die Rede, wenn man
es

felbſt gewünſcht hätte; gebe aber dicſs
Vorhaben noch nicht völlig auf.

A 5 Es

es nicht durch das Einathmen oder durch die
Wirkung des Athems verſtanden wiſſen will,
welches durch das *quamvis alte* aber ſchwer an-
zunehmen wäre.

Natürlicherweiſe erinnert diefs aber gleichfalls an die von einer andern Schlangenart
der Alten vermeinte Bezauberung, nämlich
an den Zauber der ſonderbaren Schlange,
welche bei den Alten unter dem Nahmen des
Baſilisken berühmt war. Dieſer Baſiliske war,
dem Plinius zufolge, eine Schlange, von nicht
mehr als 12 Zoll Länge und wohnte im Cy-
renais, alſo in dem nördlichſten Afrika, unweit des Atlaſſes, jetzt Barca. Er hatte, ihm
zufolge, gar nicht die lächerliche Geſtalt, welche manche Neuere, z. B. Cardan u. a. ihm an-
gedichtet haben, wovon man beim Aldroyand
in ſeiner Hiſtoria Serpentum et Draconum,
Bonon. 1640 fol. pag. 363. Nachricht und
ſelbſt Abbildungen finden kann. Es war nur
eine kleinere Schlangenart, welche ſich durch
eine Art von weiſser Kopfbinde oder kronen-
artiger Einfaſſung auszeichnete. Cyrenaica,
heiſst es, hunc (baſiliscum) generat, duode-
cim non amplius digitorum magnitudine,
candida in capite macula, ut quodam dia-
demate

Es ift nicht unwahrfcheinlich, dafs fich
in der Mythologie von Afien oder Afrika
Spu-

demate infignem. Plin. Hift. Nat. lib.
VIII. Cap. XXI. Andere geben ihr kleine Spirzen, oder Erhabenheiten am Kopfe;
wie man diefs beim Aldrovand findet. Genug es war der Form nach gar kein Unge-
heuer. Und von diefer Schlangenart behaupten denn alle fonft fie noch fo fehr ver-
fchieden befchreibende Schriftfteller, dafs fie
die Kraft befitze, nicht nur durch den Hauch,
fondern fogar durch den blofsen Blick aile
übrigen Thiere und felbft alle übrigen
Schlangen zu tödten. Nur allein das Wiefel (Muftela) foll ihm widerftehen, ja fogar mit dem Bafilisken kämpfen und ihn um-
bringen.

Aus allem diefem zeigt fich alfo, dafs die
Alten allerdings eine ähnliche Zauberkraft
einigen Schlangen beimafsen. Ferner dafs
der Bafilisk wohl ein, der berühmten Brillenfchlange oder Naja Capello ähnliches, Thier
fein mag, die da wegen der furchtbaren
Wirkfamkeit ihres Giftes berühmt war. Diefs
fcheint mir befonders einmal wegen der
weifsen Binde, und zweitens wegen des Kam-
pfes mit dem Wiefel wahrfcheinlich. Denn
es ift bekannt, dafs die Naja gleichfalls fich
durch

Spuren von diefer vermeinten Zauberkraft
finden mögen, da fie fo innigft mit der
abergläubifchen Leichtgläubigkeit der dortigen Völker zufammen trift und daneben
fo leicht aus der Unkenntnifs der Lebensart und Eigenheiten der Schlangen ent-
fpringen könnte.

Zufolge der Meinungen des Dr. Cotton Matter, des Hrn. Dudley und anderer
Männer, welche fich lange in Nordamerika
aufgehalten haben, foll diefe lächerliche
Meinung unter den nordamerikanifchen
Wilden ihren Urfprung genommen haben;
feit wie langer Zeit, ift freilich ungewifs.
Indefs ift fie dennoch nichts weniger als
allgemein von ihnen angenommen. Denn
meh-

durch die helle brillenförmige Zeichnung am
Hinterkopfe auszeichnet, und dafs auch von
ihr der Kampf berühmt ift, den fie mit dem
Mungos führt, alfo mit einer Virerre (Viverra Mungo L.; das indifche Ichneumon), welche
fonft im Allgemeinen unter das Wiefelge-
fchlecht gerechnet wurde. M. f. hierüber
Kaempferi Amoenitates exotic. Lemgov.
1712. p. 565—573. Z.

mehrere gefcheide Männer, welche mit
den Sitten und Religionsmeinungen der
Indianer und mit ihren unzähligen abergläubifchen Vorurtheilen fehr genau bekannt find, haben mich verfichert, dafs
mehrere diefer Völker, jener Zauberkraft
der Schlangen keinen Glauben beimeffen.
Mein Freund, Hr. Joh. Heckewelder aus
Betlehem, benachrichtigt mich gleichfalls,
er habe nie gehört, dafs die Indianer glauben, die Schlangen können die Vögel bezaubern; obgleich man ihm vieles von der
Gefchicklichkeit der Schlangen, Vögel und
Eichhörner zu fangen erzählt habe.

Hr. Wilhelm Bartram c) bezeugt gleichfalls, er habe nie vernommen, dafs die
indianifchen Nationen, unter welchen er
gereifet, eine Idee von der Zauberkraft
der Schlangen hegten.

Dage-

c) Der Verfaffer der lehrreichen Reifen durch
Nord- und Südcarolina, überfetzt in der Voffi-
fchen Sammlung der Reifen zehnten Theil.
Die Bemerkung felbft war Hrn. Barton von
Hrn. Bartram fchriftlich mitgetheilt. Z.

Dagegen fagte mir denn freilich ein
Mohegan - Indianer : die Indianer wären
wirklich der Meinung, dafs die Klapperfchlange die Kraft befitze, Eichhörner
und Vögel zu bezaubern. Diefs bewirke
fie durch das Bewegen ihrer Klapper, wodurch jene Thiere vermogt würden, von
den Bäumen herabzufteigen, welches dann
den Fang erleichtere. Dafs diefes aber vermittelft der Augen (des Blicks) der Schlange gefchehe, hiervon wiffe man nichts.

Ein Choktah-Indianer verficherte mir,
dafs die Klapperfchlange Vögel bezaubere;
doch war er ehrlich genug zu geftehn, er
wiffe nicht, auf was für Art fie diefs bewerk-
ftellige. Der Dollmetfcher, vermittelft deffen ich mit ihm redete, fagte, es gefchähe
durch die Klapper.

Die Verehrung, welche mehrere Stämme der Indier diefer Schlange erzeigen,
fcheint indefs beim erften Anblick die Meinung zu begünftigen, dafs man diefem
Thiere eine geheime d) Kraft zutraue.

Hr

d) Vis abdita, Lucret.

Hr. Heckewelder benachrichtigte mich,
er wiſſe gewiſs, die Delaware - Indianer hätten ſonſt die Klapperſchlange ſehr in Ehren
gehalten. Mehrmale ſei er von ihnen zurückgehalten worden, das Thier zu tödten,
aus der Urſache, weil es ihr (der Wilden)
Groſsvater ſei. ⁾
Bei einer andern Gelegenheit hielt man
ihn vom Tödten der Schlange aus dem
Grunde ab, weil das ganze Geſchlecht der
Klapperſchlangen durch dieſen Todtſchlag
aufgebracht, ſich Befehl ertheilen mögten, alle Indianer, die ihnen in den Weg
kämen, zu beiſsen ⁾.

Indeſs

e) Offenbar wie in Oſtindien die Meinung der
Seelenwanderung. Ein Hindus wollte auf
einen Franzoſen bei Pondicheri losſchlagen,
weil er durch das Schieſsen eines Raubvogels
ſeine Groſsmutter getödtet habe. Der ſchlaue-
re Franzos half ſich aber von dem Indier dadurch, daſs er vorgab, dieſer Raubvogel
habe ſo eben einen Papagei freſſen wollen,
und dieſer Papagei ſei ſeines (des Franzoſen)·
Groſsvater geweſen. Z.

f) Dieſe Bemerkung iſt mir von Heckewelder
mitgetheilt. A. d. O.

Indefs ift diefer Aberglaube anjetzt unter denjenigen Indianern, welche Gelegenheit gehabt haben mit den Europäern umzu-
gehen, ziemlich vermindert, und unfere Indianer nehmen eben fo wenig Anftand, ihren
Grofsvater, die Klapperfchlange, zu tödten,
als die Eskimochs ihre abgelebten Eltern.
   Unleugbar ergiebt fich aus der Unterfuchung der Sitten und der Gefchichte der
Völker, dafs ein grofser Theil religiöfer
und abergläubifcher Ideen aus der Furcht
entfprungen ift. Vielleicht geftehen alle
Menfchen das Dafein zweier grofsen Wefen zu, nämlich eines Guten und Wohlthätigen und eines Böfen, abfichtlich bofs-
haften. Hier in Amerika, wo, wie ich
glaube, diefe Idee allgemein war, beten
mehrere Stämme der Indier das letztere
an, während dafs fie das gute Wefen, welches fie die Vernunft als die Quelle des Lebens und alles Seegens anzufehen lehrt,
nur blofs nennen, ohne ihm die mindeften
Verehrungen zu erzeigen [g].

Die

g) Laet äufsert fich bei der Gelegenheit, da er
von den Indianern in Neuyork redet, hierüber

Die Delewar-Indianer, nebſt einigen
andern Stämmen, welche mit ihnen einen
ähnlichen Dialect ihrer Sprache haben,
glauben, daſs eine ungeheure Schildkröte
die Tiefen bewohne; und daſs ſie unſer
feſtes Land (Amerika), oder wie ſie es nennen, dieſe Inſel auf ihrem Rücken trage.
Sie ſagen, dieſes Thier habe bekanntlich
die Fähigkeit unterzutauchen; und hierdurch ſodann die ganze Welt unter Waſſer
zu ſetzen, welches ſie dann auch bereits
in ältern Zeiten gethan habe [h]). Daher ſuchen

über folgendermaſsen: Caeterum nullus ipſis
religionis ſenſus, nulla Dei veneratio. Diabo-
lum quidem colunt, ſed non tam ſolemniter
neque certis ceremoniis, ut Africani faciunt etc.
Novus Orbis, ſeu Deſcriptionis Indiae Occi-
dentalis Libri XVIII. lib. III. cap. XI. p. 75.
Lugd. Batav. 1633. A. d. O.

h) Auf ähnliche Weiſe ſagen andere Indianer,
die Erde werde auf dem Rücken einer groſsen
Schlange getragen; indem ſie ſich krümme,
bringe ſie Erdbeben hervor. In Oſtindien
ruhet hingegen der Erdball auf 4 ungeheuern
Elephanten als auf Pfeilern; worauf dieſe
ruhen, weiſs ich eben ſo wenig, als die Indier ſelbſt. Z.

chen sie die Freundschaft und den guten Willen dieses mächtigen Thieres zu
gewinnen, und machen zu dem Ende
Klappern aus den Schalen der Schildkröte, worin sie kleine Steine oder auch
Bohnen und Maizkörner legen, um sich
dieser Instrumente bei ihren Tänzen zu
bedienen. Die Schildkröte wird überhaupt
bei ihnen sehr in Ehren gehalten; ja sie geben ihr den Namen Mannitto, Gott, weil
sie sowohl auf dem Lande, als auch im Waffer leben kann [i]).

Mir scheint es demnach, als ob auch
die Verehrung der Klapperschlange auf
ähnliche Art von der Furcht herrühre,
und nicht von dem Glauben an die Zauberkraft dieses Thiers. Wären die Indianer,
wie einige Schriftsteller diefs versichert
haben, im Besitz eines sichern, specififchen,
Mittels gegen den Bifs dieser Schlange, so
glaube ich schwerlich, dafs sie ihr wirkliche
Verehrung würden bewiesen haben, oder
dafs diese wenigstens nicht sehr lange fort-

gedau-

i) Aus einer handschriftlichen Nachricht des
Hrn. Heckewelder. A. d. O.

B

gedauret hätte. Allein die Indianer find
oftmals unvermögend, die Wirkung des
Gifts der Schlange aufzuhalten, und werden oftmals ein Opfer davon ᵏ).

Doch

k) Adair fagt in feiner Gefchichte der amerika-
nifchen Wilden (London 1775. pag. 325): er
habe nie gehörr, dafs ein Indianer an dem
Biffe einer Schlange auf der Jagd oder im
Kriege geftorben fei; ob fie gleich von den
gefährlichften Schlangen oftmals gebiffen
würden.

Es ift indefs durch das Zeughifs vieler Perfonen beftätigt, dafs der Bifs der Klapperfchlange den Indianern, ihrer fo fehr gerühmten Mittel dagegen ungeachtet, tödlich
gewefen. Der Pater Cajetan Cattaneo fagt:
mehrere Indianer fterben an dem Bifs der
Schlangen; jedoch, fährt er fort, entgehen
fie gewöhnlich dem Tode, im Fall fie namlich
fchnell das Gegenmittel anwenden, welches
die Vorficht in verfchiedene Kräuter gelegt
hat, worunter befonders auch der Lavendel
(der unfrige?) zu zählen ift, welcher fich in
grofser Menge in Paraguay findet. Allein der
Bifs der Klapperfchlange, fagt man, fei ohne
Hülfe. Cajetan Cattaneo dritter Brief. M. f. a
Relation of the Miffions of Paraguay by Mu-
ratori, London 1759. p. 260. Der Pater Cattaneo

Doch ich kehre zu meinem Hauptge-
genftande zurück. Unter den Indiern
von Südamerika finde ich keine Spuren der
Meinung, dafs die Klapperfchlänge andere
Thiere bezaubern könne. Pifo fcheint in
feiner *Naturgefchichte beider Indien*, alles
Aufserordentliche zufammengebracht zu
haben, was er nur über die Klapperfchlange
hat auftreiben können; dennoch fagt er
von ihrer Zauberkraft kein Wort [1].

B 2   Indef-

tâneo fpricht hier offenbar von der Klapperfchlange in Südamerika, welche, wie ich nicht
zweifele, viel giftiger ift, als die von Nordamerika. Dennoch glaube ich, dafs diefes
Gift, felbft in dem heifseften Clima nicht allemal tödtlich fei. A. d. O. (M. f. hierüber
die folgende Abhandlung unfers Verfaffers.)

[1] Guilielmi Pifonis de Indiae utriusque re na-
turali et medica Libri 14. Amftaelod. ap. El-
zevirios 1758. Einige Behauptungen des Pifo
von der Klapperfchlange find höchft fonderbar. So heifst es z. B. p. 275: Caudae extre-
mitate in anum hominis immiffa, mortem in-
fert confeftim; venenum autem, quod ore vel
dentibus infundit, multo lentius vitam tollit.
A. d. O. Wie mag die Veranlaffung zu der
Anga-

Indeſſen mag das Vaterland dieſes ſonderbaren Glaubens ſein, welches es auch
wolle, ſo wäre es ſchon gut, wenn er nur
bei den Wilden allein wäre ſtehn geblieben.
Es iſt ein Mährchen, das ſich ſchon für
den uncultivirten Verſtand roher Nationen
paſst. Unglücklicher Weiſe iſt aber der
Fortgang des Irrthums und des Aberglaubens nur zu groſs und zu ſchnell. Der
Glaube an die Zauberkraft der Schlangen
hat ſich ſelbſt unter die denkenden Köpfe
der alten Welt verbreitet. Mich dünkt
gehört zu haben, daſs auch der berühmte
Dr. Samuel Iohnſon ihm beipflichtete;
doch wird man es mir vergeben, im Fall
ich vielleicht unrecht hierüber unterrich-
tet ſein ſollte. So viel iſt indeſs wahr, daſs
Doctor Johnſon, ungeachtet der Stärke und
des Reichthums ſeines Geiſtes, dennoch
furchtſam und leichtgläubig war. Nahm
dieſe Leichtgläubigkeit und Furchtſamkeit
hier ihren Urſprung aus einem unglücklichen Hange zur Melancholie, die oftmals
ſei-

Angabe des erſten Theils dieſes Satzes geweſen ſein? Z.

feinen hellen Geiſt überſchattete, oder waren erſtere die Urſachen feiner Melancholie? Man fagt, diefer Herkules der englifchen Litteratur nahm Geiſter und Erſchei-
nungen an; da wäre es denn begreiflich,
daſs ein folcher Mann leichter an die Zauberkraft der Schlangen könnte geglaubt
haben. Ob ich gleich ein warmer Vereh-
rer von *Linnäus* bin, und fchon feit meiner Jugend fein Schüler war, fo darf ich es
ihr dennoch nicht verhehlen, daſs auch
felbſt diefer grofse Mann die Zauberkraft
der Schlangen für wahr hielt.

In feinem unſterblichen Syſteme der
Natur, fagt er beim Artikel der Klapperfchlange, Crotalus horridus. Aves fciuros-
que ex arboribus in fauces revocat [m]).

In einem andern feiner Werke heiſst
es: „Wer von der Brillenfchlange (Colu-
„ber Naja) verwundet wird, ſtirbt binnen
„wenigen Minuten. Eben fo wenig ent-
„geht der dem Tode, welcher von der

B 3   „Klap-

m) Linn. fyſt. naturae, edit. Gmelini, T. J, Pars IJI.
p. 1080 u. f. A. d O.

„Klapperfchlange (Crotalus horridus) un-
„weit einer grofsen Blutader gebiffen wird.
„Aber die wohlthätige Vorficht hat diefe
„fchrecklichen Thiere, durch befondere
„Zeichen bemerkbar gemacht und ihnen
„unverfohnliche Feinde an die Seite ge-
„ftellt; denn fo wie fie Katzen hervor-
„brachte, um die Mäufe zu vertilgen, fo
„fchuf fie das Ichneumon gegen die Naja,
„und das Schwein gegen die Klapperfchlan-
„ge. Daneben geftand der Schöpfer der
„Klapperfchlange nur einen trägen Gang
„zu, und fetzte an das Ende ihres Schwan-
„zes eine Art von Klapper, wodurch fie
„ihr Annähern (warnend) kund that. Da-
„mit indefs diefe Langfamkeit dem Thiere
„felbft nicht zu nachtheilig würde, ward
„es mit einer Zauberkraft begabt, wodurch
„die Eichhörner von den höchften Bäumen
„und die Vögel aus der Luft zu ihm hin-
„abgebracht würden, und faft auf ähnliche
„Weife wie die Fliegen in das Maul der
„trägen Kröte, fich in den Rachen der
„Schlange ftürzten *).“

Lin-

n) Der V. führt hier an: Reflections on the Stu-
dy of Nature von Dr. I. E. Smith, aus dem
Latei-

Linnäus war unſtreitig ſehr leichtgläubig, obgleich keiner ſeiner Biographen die-

B 4 ſes

- Lateiniſchen des Linné ins Engliſche überſetzt. Ich habe keine Schrift des Linné unter völlig ähnlichem Namen gleich auffinden
  können; allein die Stelle, welche der hier daraus angeführten am nächſten kommt, ja ſelbſt
  mehr Paſsliches enthält, findet ſich in der
  Diſſert.: Morſura Serpentum, von Acrell. Amoenitates Academ. Vol VI. p. 200 u. f. Reſtat
  adhuc aliud vix dum ſatis explicandum naturae
  phaenomenon noſtratum, qui in Philadelphia
  diu vixere, fide digniſſimorum relationibus
  confirmatum, ſed quod Autopticorum peri-
  tiorum experimentis ulterius omnino eſt discu-
  tiendum. Crotalum loquor Americanum ſer-
  pentem ſegniſſimum, qui arborum ſub tegmi-
  ne recubans, rictu nonnihil hiante atque ra-
  diantibus oculis, occurſantes forte in arbore
  aves ſciurosque miro faſcino ſubtus intuetur.
  Queribundus ſciurus atque tenui ac flebili ſono
  ejulans, quaſi fati gnarus, e ramo in ramum
  ſubſultat, quaquaverſum proſpiciens, quo ſu-
  bito evadat; At faſcino neſcio quo defixus, ad
  inferiora deſcendit arboris, unde recta deſi-
  liens, hoſtis ſe faucibus ultro committit. Veritatem hujus rei indubiam reddere videntur
  obſervationes quorundam Anglorum, hujus
  argu-

fes Zuges in feinem Charakter Erwähnung
gethan hat. Zahlreiche Beweife hievon
finden

argumenti. Curiofi ifti obfervatores Angli,
murem una cum fafcinante ejusmodi vipera
caudifona in ferream caveam includebant, cu-
jus uno in angulo fedebat mus, in altero vero
e regione ferpens; Hic, qui in illum conti-
nuo oculos habuit defixos, folo illum intuitu
eo adegit, ut totum fe tandem ferpentis in
fauces conjecerit. Idem experimentum Itali
inftituere imprimis cum foemina Colubri Beri
uterum gerente et mure masculo, eodem
plane cum fucceffu, Quid? quod idem fere
apud Bufones noftros lentulos, ferpentum ad-
fines, aeftivo tempore fpectare liceat, quibus,
dum in fruticum umbra quiefcunt, mufcae pa-
pilionesque in os involitant. Diefa Stelle ift
aber noch lehrreicher, als die hier von dem
Verfaffer beigebrachte. Denn Linné führt
einen Verfuch an, und behauptet etwas Aehnli-
ches von unferer Viper. Vielleicht find die
Reflections etc. eine Ueberfetzung der Diff.
Oeconomia Naturae; denn dort ift gleichfalls
eine ähnliche Stelle. M. f. Amoenit. Acad.
Vol. 2. p. 45. Dennoch pafst der englifche
Theil nicht hiezu. Die Meinung von der Zauberkraft der Kröte (fährt Hr. Smith fort) ift
fchon von Pennant in feiner brittifchen Zoolo-
gie

finden' fich faft in allen feinen Schriften;
befonders auffallend ift feine Leichtgläubigkeit in Rückficht der Heilkraft, welche er
mehreren Medicamenten zufchreibt °). In
wie weit diefe Leichtgläubigkeit, bei einem
fonft wirklich grofsen Geifte, auf Rech-
nung des Charakters der fchwedifchen Na-
tion zu fchreiben fei, mag ich hier nicht
unterfuchen. Dennoch lohnte es fchon
der Mühe, den Quellen hievon bei Gelegenheit einer Unterfuchung nachzuforfchen,
wobei die Meinung des fchwedifchen Plinius fo nothwendig vorkommt.

Das Studium der Natur ift wohl unter
allen übrigen Wiffenfchaften dem Aberglauben am wenigften günftig, und dennoch war der gröfste Naturalift gerade
einer der leichtgläubigften Philofophen!

Indefs mufs ich doch hierüber bemer*
ken, dafs Linnäus nirgends fich als ein Au-
B 5 gen-

gie widerlegt, und fo wird man auch die von
der Kraft der Schlangen falfch befinden. Z.

o) M. f. Linn. Materia Medica, lib. I. de|Plantis,
Amftaelod. 1749. A d. O.

genzeuge der Zauberkraft der Schlangen
angiebt. Er hatte diese Sage nur von einigen seiner vielen Schüler, welche durch
ihn zu dem Studium der Natur begeistert
worden waren, erhalten. Wahrscheinlich
fixirte hauptsächlich Kalm seine Ideen in
Rücksicht der Klapperschlange; denn dieser gab jener Meinung nicht nur in seinen
Reisen Beifall, sondern er sagt auch darin,
dass er eine eigene umständliche Abhandlung darüber in den Meinungen der Schwe-
dischen Academie der Wissenschaften vom
Jahre 1753 geschrieben habe.

Kalm ist übrigens aufrichtig genug, zu
gestehen, dass er selbst nie ein Beispiel von
der Wirkung der Zauberkraft der Schlangen gesehen habe, (und auch nicht wisse,
was er davon urtheilen solle. Z.). Allein er
setzt hinzu: „ich habe aber in meinem
Tagebuche einige zwanzig Personen aufge-
zeichnet, und unter denen verschiedene
von den allerglaubwürdigsten Männern,
die man jemals finden kann, welche diefs
mit einem Munde, obgleich öfters an weit
von einander getrennten Orten lebend, be-
richte-

richteten p). Sodann erzählt *Kalm* eine lange Gefchichte, welche in den Hauptfa-
chen mit jenem oben erwähnten überein-
kommt, und die daher hier zum zweiten-
male überflüfsig ftände.

Er begnügt fich aber nicht mit dem
blofsen Erzählen; er fucht darüber Auffchlüffe zu geben. Und hiebei zeigt er
diefsmal wirklich nicht wenig Beurthei-
lungskraft, was fonft eben feine vorzüglich-
fte Seite nicht zu fein pflegt. Nur fchade,
dafs er zuletzt alles Gute wieder einreifst,
indem er damit endigt, dafs der Vogel oder
das Eichhorn nur, während dafs die Schlange ihre Augen auf fie geheftet habe, bezaubert fei. Er giebt zu, dafs diefs fonderbar und unerklärlich fcheine, obgleich
mehrere der gültigften Männer diefs berichtet hätten, und es auch allgemein für
fo ausgemacht gehalten werde, dafs man
fich

---

p) P. Kalms Befchreibung der Reife nach dem
nördlichen Amerika, Göttingen 1764. 3ter
Theil, S. 177. Die Sammlung neuerer merkwürdiger Reifen, 11ter Band.

fich nur dem Gelächter blofs ftellen hiefse,
es zu bezweifeln q).

Mehrere Amerikanifche Schriftfteller
haben gleichfalls die Idee angenommen,
dafs die Schlangen eine Zauberkraft befitzen '). Damit ihre Autorität den Irr-
thum

q) Ich werde fogleich Gelegenheit haben, eini-
ges zur Vertheidigung des Schwedifchen Naturaliften beizubringen. Z.

r) Herr Wilhelm Bartram fagt von der Kraft der
Klapperfchlangen folgendes. „Man glaubt,
„dafs fie die Kraft zu bezaubern, in einem
„hohen Grade befitzen, fo dafs fie ihre Beute
„gleichfam feffeln. Sie follen Vögel, Kanin-
„chen, Eichhörner und andere Thiere be-
„zaubern, wenn fie diefelben nur mit unver-
„wandtem Blick anfehen. Was aber auch
„die Urfache fein mag, fo viel ift gewifs, dafs
„die unglücklichen Thiere auf alle mögliche
„Weife zu entkommen fuchen, aber ihre Be-
„mühungen find umfonft: fie verlieren end-
„lich die Kraft zu widerftehen, bewegen fich
„langfam, obgleich wider Willen gegen die
„weit aufgefperrten Kinnladen der Schlange
„hin, und kriechen in ihren Rachen, oder
„legen fich nieder und laffen fich faffen und
„verfchlingen. Bartrams Travels through
„North

thum nicht weiter verbreiten mögte, bin
ich hier fo umftändlich, meine Meinung
darüber der Societät. vorzutragen.

Es war mir angenehm zu finden, dafs
diefe Zauberkraft von verfchiedenen ange-
fehenen Naturaliften in Europa bezweifelt
wird. Bei meinem trefflichem Freunde,
Hrn. Thom. Pennant, heifst es hierüber:
„Es ift fchwer, von der Zauberkraft der
„Klapperfchlange zu reden. Glaubwürdige
„Schriftfteller befchreiben die Wirkungen
„davon *). In den Rachen der Schlange.
„fahe man Vögel fallen, Eichhörner von
„den Bäumen herab, da hinein laufen, und
„Kaninchen darein ftürzen. Schrecken
„und

„North a South Carolina, Georgia etc. Lon-
„don 1791. p. 263. und nach der Berliner
. „Ueberfetzung, Xter Band der Vofsifchen
„Reifen, S. 255. A. d. O.

s) Lawfon — Catesby — Philof. Transact. Abr.
IX. 56. — VII. 410. Brickels Hift. Carolina
144. — Beverley's Virginia, 260. Colden I.
12. Brickels Gefchichte von N. Carolina ift
ein fchändliches Plagiat. A. d. O.

„und Entfetzen fcheint fich diefer kleinen
„Thiere bemächtigt zu haben; ftets die
„Augen auf die Schlange geheftet, äufsern fie
„die gröfste Anftrengung zu entkommen;
„aber endlich erfchöpft durch alle diefe
„angftvollen Bewegungen, verlieren fie
„hiezu durchaus das Vermögen, und fal-
„len auf die Weife ein Opfer ihres Tod-
„feindes ¹): "

    Mein Freund, Hr. v. la Cepede, einer
der beredteften Naturaliften diefes Jahr-
hunderts, hat viel Achtfamkeit auf diefen Gegenftand gewand, wie man diefs aus
feinem Werke über die Schlangen erfehen
kann. Schade, dafs er nicht einige Thatfachen darüber eingezogen hatte, welche
man hier in Amerika fehr gut kennt; denn
hierdurch würde ein folcher Mann wie
er ¹¹) leicht zur völligen Wahrheit bei diefem Phänomen vorgedrungen fein.

                      So

---

t) Pennants Artic. Zoology. 2 ded. Lond. 1792.
2 P. p. 338. A. d. O.

u) In Deutfchland, wie auch in Frankreich felbft,
hegt man nicht fo hohe Begriffe von diefem
Nachfolger des grofsen Büffon. Z.

So wie indefs fein Vortrag darüber
jetzt ift, verdient Hr. de la Cepede dafür
Dank, dafs er dem Raifonnement der Naturaliften dadurch eine neue Wendung gegeben hat.

Folgendes aus Hrn. la Cepede's Werk
ftehet daher hier wohl nicht am unrechten
Orte.

„Auch mag der fürchterliche Athem
„der Boiquira *) das kleine Thier, deffen
„fich diefe Schlange zu bemächtigen fucht,
„zuweilen — beängftigt, es an der Flucht
„verhindern. Die Indianer erzählen, man
„habe zu Zeiten eine Klapperfchlange um
„einen Baum gewunden gefehen, wie fie
„ihren fchrecklichen Blick auf ein Eich-
„horn heftete, welches nach oftmaligem
„Gefchrei, als Beweis feiner Furcht zum
„ Fufs des Baums hinabftürzte und dort von
„der Schlange gefreffen wurde. Hr. Vos-
„maer in Haag, der da mehrere Verfuche
„über

x) Name der Klapperfchlange in Brafilien; in
andern Theilen von Amerika heifst fie Boici-
ninga. Z.

„über den Bifs einer Klapperfchlange ange-
„ftellt hat, welche er in Haag lebendig
„erhalten hatte, fagt, dafs die Vögel und
„Mäufe, die in den Käfig der Schlange
„geworfen wurden, fofort in einer Ecke
„deffelben niederhuckten, und bald dar-
„auf, wie von einer tödtlichen Angft be-
„nommen, freiwillig auf ihren Feind zu-
„liefen ʸ), während dafs die Schlange ftets
„ihre Klapper hören liefs: allein die Wir-
„kung eines mephitifchen, ftinkenden
„Athems ift fo fehr übertrieben und ver-
„kehrt vorgeftellt worden, dafs es ans Mi-
„rakulöfe gränzt."

„Man hat gefagt, fährt Hr. v. la Cepede
„fort, dafs die Klapperfchlange die Kraft
„befitze, diejenigen Thiere, welche fie
„zu feffeln fuche, zu bezaubern; und dafs
„nicht nur Thiere, fondern fogar der
„Menfch

ʸ) Wenn Thiere verfchiedener Art fich in
einen engen Raum eingefchloffen finden, fo
find fie felbft in diefer unnatürlichen Lage
gewöhnlich fo fehr voll Furcht, dafs fie während diefer Lage weder an das Freffen denken, noch auch fich einander angreifen. Z.

„Menſch ihrem Blick nicht widerſtehen
„könnten; ſondern, ſtatt zu entfliehen, ſich
„unter der ſchrecklichſten Angſt dem Ra-
„chen der Schlange aufopfern. Wäre die
„Klapperſchlange allgemeiner bekannt ge-
„weſen und von mehrern Naturforſchern
„genauer beobachtet, ſo hätte man zu die-
„ſen wundervollen Sachen wohl noch meh-
„rere ähnliche hinzugeſetzt, und hier-
„durch den einfachen Wirkungen des pe-
„ſtilenzialiſchen Athems mehrere Fabeln
„untergeſchoben, obgleich ſelbſt die Wir-
„kung des Athems bei weitem nicht ein-
„mal ſo häufig, noch ſo heftig iſt, als man-
„che Naturaliſten dieſs glauben. "

„Man darf mit Kalm [2]) annehmen, daſs
„gröſstentheils ein Vogel oder Eichhorn, die
„ſich

---

[2]) Herr Barton macht hiebei die Anmerkung,
daſs er nicht gefunden habe, Kalm habe dieſe Art der Erklärung angenommen, wohl aber
ſei dieſs die Meinung von Sr. Hans Sloane,
wie dieſs aus den Philoſoph. Transact. Vol. 38.
Nr. 433. erhelle. Hiegegen ſei es mir er-
laubt, die eigenen Worte des Schweden an-
zuführen, da ſie vielleicht im Stande ſind, Hrn.
Barton

C

„ſich gleichſam unwillkührlich der Schlan-
„ge aufopfern, ſchon zuvor von ihr ge-
„biſſen

Barton eine beſſere Meinung von dieſem Rei-
ſenden beizubringen, als er von ihm faſt aller
Orten äuſſert. In der Fortſetzung der Nachrichten von der Klapperſchlange , welche
Kalm in den Abhandlungen der Schwedi-
ſchen Akademie gegeben hat, heiſſt es: „Ich
„ſuchte dieſe Bezauberung 'auf die Art zu er-
„klären, daſs die Vögel, welche, wie ich in
„Amerika im Walde ſah, gar nicht ſcheu ſind,
„ſondern ſich ihnen einen Menſchen ſehr
„nahe kommen laſſen, wenn ſie in Menge
„auf der Erde hüpfen, ihr Futter zu ſuchen
„auch hier der ſtilliegenden Schlange ſo nahe
„kämen, daſs ſie ſolche leichtlich hauen könn-
„te; der Vogel kann nicht weiter, als bis
„zum nächſten Baume kommen, ſo muſs er
„ruhen, und endlich niederfallen, da ſich in-
„deſſen die Schlange zu ihrem Raube machet.
„Zu dieſer Erklärung hat mich beſonders eine
„Frau in Amerika veranlaſſet, welche mir
„meldete, ſie habe einſt einen der amerika-
„niſchen Haaſen ſehr ſchnell queer über den
„Weg laufen und umfallen ſehen, als ob er
„wüthend geworden wäre. Indem habe ſie
„eine Klapperſchlange geſehen, welche dem
„Haa-

„ biſſen worden ſeie; daſs nachdem, ſie dar-
„ auf wieder entkommen, ſie durch ihr

C 2 .   „ Ge-

„Haaſen dichte nachgefolget wäre; aber was
„alsdann vorgegangen wäre, habe ſie ſich
„nicht die Zeit genommen, nachzuſehen."

„Wenn die Katzen auf die Jagd nach klei-
„nen Vögeln gehen, ſo fliegen die Vögel weit
„um ſie mit einem gewiſſen kläglichen Tone
„herum. Hat der Vogel ſein Neſt da in der
„Nähe, ſo macht er einen deſto gröſsern
„Lauf, und fliegt deſto näher. Die Katze
„geht ihren Gang liſtig fort, als ob dieſes ſie
„gar nichts angienge, der Vogel wird deſto
„dreiſter, fängt an immer näher und näher
„zu fliegen, bis er endlich in ihre Gewalt
„kömmt, oder auch zufliegt, ſie in den
„Rücken zu hacken, da ſie ſich alsdenn die
„Gelegenheit abſieht und ihn ergreift. Ei-
„nige kleine Vögel in Amerika, die nicht
„ſcheu ſind, oder die ihre Neſter nahe an
„einem Wege haben, thun dieſes oft vor
„den Leuten, und fliegen faſt vor dem Ge-
„ſichte der Vorbeigehenden herum. Wie
„Sperlinge den Habicht verfolgen, ſo
„ſchreien kleine Vögel auf ihre Feinde los;
„und wenn der Feind ſtille iſt, werden ſie
„deſto kühner: eben ſo geht es vielleicht mit
„der Bezauberung der Klapperſchlange zu Es
„kann

„Geſchrei und ihre ängſtliche Bewegungen
„nur die Heftigkeit des nun in ihnen wir-
„kenden Giftes anzeigen; daſs ſie ſtets
„hierdurch mehr und mehr erſchöpft, ſtets
„von Zweig zu Zweig weiter herabſinken
„und endlich von der ſie ſcharf beobach-
„tenden

„kann auch wohl von der Verwunderung
„herrühren, weil ihre Augen wie Feuer
„glänzen und brennen, wenn ſie zornig iſt,
„und wenn es heiſst: ſie bezaubere. Oder
„auch weil ſie vorerwähntermaſsen ſehr übel
„riecht, beſteht die Bezauberung vielleicht in
„dem übeln und giftigen Geſtanke, den ſie
„von ſich giebt, daſs das Thier davon einge-
„nommen und dumm im Kopfe wird. Oder
„auch jede von vorerwähnten fragweiſe vor-
„getragenen Erklärungen, kann etwas dabei
„wirken.“

.Hieraus zeigt ſich deutlich, daſs Kalm nicht
nur dem eigentlich unerklärbaren Zauber
nicht das Wort redet, ſondern in dieſer Stelle
giebt das Beiſpiel von der Katze manches an
die Hand, was Hr. Barton ſicher für ſehr ver-
nünftig finden wird. Ja, man ſieht, daſs faſt
alles Verdienſtliche der Erklärung des Hrn.
la Cepede, nicht ihm, ſondern dem ſchwe-
diſchen Naturforſcher gehört. Z.

„tenden Schlange halb todt ergriffen und
„gefreſſen werden. Mehrere Beobachtun-
„gen und beſonders eine Thatſache, welche
„Kalm anführt, ſcheinen dieſs zu bewei-
„ſen ᵃ).“

Aus dieſer langen Stelle des Hrn. v.
Cepede erhellet, daſs er durch 2 Methoden die vermeinte Wunderkraft der Schlangen zu erklären ſucht; beide ſind geſcheut,
und verdienen bemerkt zu werden.

Zuerſt nimmt er an, daſs der ſtinken-
de Athem die Thiere benimmt, und ſie am
Entfliehen hindert. Eigentlich verſtehe
ich noch nicht genau den Ausdruck
von einem ſcheuslichen oder ſtinkenden
Athem. Ich weiſs nicht, daſs Thatſachen bekannt ſind, die da beweiſen, die
Klapperſchlange habe einen ſtinkenderen
Athem, als viele andere Thiere oder auch
andere Schlangen. Zwar iſt mir bekannt,
daſs bei den groſsen Schlangen von Süd-

C 3 ameri-

a) la Cepede Hiſt. Nat. des Serpens, p. 409.
u. f. A. d. O.

_amerika, während ihres langfamen Verdau-
ens, ein Gas, ein heftig ftinkender Dunft,
entwickelt wird. Allein diefs ift weder der
Fall bei der Klapperfchlange, noch bei irgend einer andern Schlange von Nordamerika, die ich Gelegenheit gehabt habe,
felbft zu unterfuchen. Indefs geftehe ich,
dafs meine Unterfuchungen dabei nicht
fehr genau gewefen find. Ich habe aber
andere Perfonen hierüber befragt, die
nicht durch den natürlichen Abfcheu, wie
ich; von der hierzu nöthigen Genauigkeit
zurückgehalten worden find, fondern die
fo dreift waren, dafs fie fogar den Kopf und
den Hals der fchwarzen Schlange und anderer in den Mund zu nehmen, nicht
fcheueten. Sie haben mir verfichert, dafs
fie nie einen widrigen Geruch, der von dem
Athem der Schlange herrühre, bemerkt
hätten. Ich bin bei der Eröfnung einer
Schachtel, in welcher mehrere lebendige
Schlangen waren, gegenwärtig gewefen, und
obgleich die Schachtel fo genau verfchloffen
war, dafs fie nur wenig frifche Luft zuliefs,
und die Obfervation in einer warmen Stube
gemacht wurde; fo bemerkte ich dennoch
bei

bei ihrer Eröfnung keinen widrigen, von der Schlange herrührenden, Geruch. Auch hat mir Hr. Wilson Peale berichtet, dafs da er eine Klapperschlange auf eine geraume Zeit bei sich gehalten, und beobachtet habe, so wäre ihm nie ein widriger Geruch davon vorgekommen. Dagegen aber behaupten andere, sehr glaubwürdige, Personen gerade das Gegentheil, und schreiben dieser Schlange einen höchst widrigen, dem faulenden Fleische ähnlichen, Geruch zu. Er soll sich unter gewissen Umständen selbst in sehr weiter Entfernung des Thieres verbreiten.

Hr. Wilh. Bartram versicherte, dafs Pferde bis auf 40, ja 50 Ellen von der Schlange bereits davon sehr afficirt würden. — Sie bewiesen ihren Abscheu nicht nur durchs Schnauben und Wiehern, sondern sie sprängen vom Wege ab, und suchten den Reiter abzuwerfen, um nur desto schneller entfliehen zu können.

Diese Thatsache, von einem so Wahrheitsliebenden Manne erzählt, verdient die gröfste Achtung; besonders für diejenigen,

welche

welche die Erklärung des Hrn. la Cepede
annehmen, und giebt felbft der von dem
Metrodorus im Plinius erzählten Gefchichte einige Wahrfcheinlichkeit [b]).

Die Thatfachen, welche Hr. Vosmaer
im Haag Gelegenheit hatte zu beobachten,
verdienen wegen ihrer Merkwürdigkeit
hier einer Erwähnung. Indefs fcheinen
fie mir keine Beweife für das Dafein einer
mephitifchen Ausdünftung, oder eines ftinkenden Athems der Klapperfchlange zu
enthalten. Ich wundre mich ganz und
gar nicht über die Bewegungen der Vögel
und der Mäufe, welche fich zugleich mit
der Schlange in dem Bauer befanden.
Huckte das kleine dort hineingefetzte
Thier in eine Ecke des Bauers nieder, fo
gefchah es aus Furcht; und eben auch aus
Furcht ward es gegen die Schlange hinge-
trieben, denn man weifs ja, wie mächtig
die

[b]) Hier ergiebt fich, dafs Hrn. Barton jene von
mir oben beigebrachte Stelle des Plinius
niht unbekannt war, nur hatte er fie dort
nicht benutzt. Z.

die Furcht auf Thiere wirkt. Will man
eine Reihe von Verſuchen zum wirklichen
Gewinn für Wahrheit anſtellen, ſo muſs
der Geiſt dabei von allen Vorurtheilen frei
ſein. Und ich darf annehmen, daſs, wenn
Hr. Vosmaer dieſer Methode bei ſeinen
Unterſuchungen gefolgt wäre, und die
Zauberkraft der Schlange nicht geglaubt
hätte, ſo würde er wahrſcheinlich andere
Folgerungen aus ſeinen Verſuchen gezo-
gen haben ᶜ).

C 5 Eini-

c) Hrn. Vosmaers Schrift über dieſen Gegenſtand
führt zum Titel: Deſcription d'un Serpent à
ſonnette de l'Amerique etc. avec des nouvelles
experiences faites à la Haye ſur les effets
mortels de la morſure venimeuſe d'un Serpent de cette eſpece apporté en vie à la Haye
1763. Hierin bezweifelt der Hr. Verf. gerade zu jene Kraft; und er hatte auch Urſache
dazu, weil Mäuſe, welche man zu ihr in den
Bauer gethan hatte, ihr über den Leib hin-
liefen, ehe ſie gebiſſen wurden. Da ich dieſs
hier nur aus einer Recenſion von Hrn. Vosmaers Schrift weiſs, und die Schrift nicht
ſelbſt vor mir habe, daher bin ich nicht im
Stande genau anzugeben, wie weit Barton
den Hrn. Vosmaer mit Recht beſchuldigt, da
doch,

Einige Verfuche, welche hier in Philadelphia mit einer Klapperfchlange ange-
ftellet wurden, entfprechen denen des hol-
ländifchen Naturaliften nicht. Die Vögel,
welche zu der Schlange in den Bauer gethan
wurden, fuchten ihr, gleichfam ihrer Gefahr bewufst, zu entfliehen. Die Schlange fuchte fich ihrer auf mehrerlei Weife zu
bemächtigen, jedoch nur felten mit glück-
lichem Erfolg. Ward ein todter Vogel in
den Bauer geworfen, fo verzehrte ihn die
Schlange fogleich. Auch fieng fie bald
einen lebendigen Maulwurf; bekanntlich
ein weit trägeres, ungefchickteres Thier als
ein Vogel. Ich hatte vor einigen Tagen
Gelegenheit folgende Bemerkung zu machen. Ein Schneevogel, (Emberiza hye-
malis. Linn.) ward zu einer grofsen Klapperfchlange in den Bauer gefetzt. Als ich
einige Stunden, nachdem der Vogel bereits
fo eingefperrt gefeffen hatte, hinzukam,
äufser-

doch, dem Angeführten zufolge, er diefe
Befchuldigung nicht völlig zu verdienen
fcheint. Z.

äufserte er gar keine Furcht; er hüpfte vielmehr im Bauer umher, fprang auf die Vogelftangen, und felbft auf den Rücken der Schlange. Auch war feine Stimme nichts weniger als angftvoll, fondern völlig natürlich, und dabei frafs er die hineingeftreueten Sämereien.

Diefs fei indefs hier nicht defswegen gefagt, als wollte ich dadurch die Zauberkraft der Schlange überhaupt leugnen. Denn diefe Beobachtung machte ich am 17ten Februar, alfo etwas früher, als die hiefigen Schlangen aus ihren (Winter-) Höhlen herauszugehen pflegen. Auch fchien diefe Klapperfchlange fehr matt zu fein, und hatte feit langer Zeit keine Nahrung zu fich genommen. Daher kann man annehmen, dafs fie zu diefer Zeit jene Zauberkraft wohl nicht befafs, weil, wenn fie je vorhanden ift, fie unftreitig der Schlange zu dem Einfangen ihrer Nahrung dienet. Aber das zeiget diefe Beobachtung dennoch, dafs die Schlange keine, dem Vogel fchädliche, oder widrige Ausdünftung irgend einer Art von fich gab.

Hätte

Hätte die Klapperfchlange wirklich eine
fo fchädliche peftilenzialifche Ausdünftung, als es Hr. la Cepede behauptet, fo
würde ihre Atmofphäre für mehrere Thiere eine wahre Hölle fein müffen. Aber
wie fo ganz entgegengefetzt ift der Fall!
Die Wohnungen diefer Schlangen find gerade
die Lieblingsörter der Fröfche und mehrere Vögelarten bringen die Periode ihrer
Paarung und ihre Heckzeit in Wolken von
mephitifchen Dünften zu. Wie oftmals
liegt die Klapperfchlange Tagelang unter
einem Baum oder Bufche, in welchem die
Droffel oder der carolinifche Fliegenftecher
ihre Jungen erziehen, ohne im mindeften
durch jene fchädliche Ausdünftungen zu
leiden.

Vögel aus dem Habichtsgefchlechte
hingegen, fchweben oft lange über diefer
Schlange, ftofsen endlich auf fie herab,
und führen fie, ihren Jungen zum Futter,
ins Neft; aber fo wenig die Alten als die
Jungen leiden von der Ausdünftung oder
dem Athem der Schlange.

Aufser den Klapperfchlangen giebt es
manche Thiere, welche eine mephitifche

Aus-

Ausdünſtung von ſich geben; z.' B. der
Stinkbinſem (Viverra Putorius L.) und das
Beutelthier (Didelphis Opoſſum L.). Der
Dunſt dieſer Quadrupeden würde wahrſcheinlich auch den Vögeln ſchädlich ſein,
und iſt es auch vielleicht, wenigſtens ſcheint
ſich dieſs daraus ſchlieſsen zu laſſen, weil
das Opoſſum im Vögelfangen ſehr ge-
ſchickt iſt.

Ich endige dieſen Theil meines Auf-
ſatzes mit der Bemerkung, daſs es Perſo-
nen geben ſoll, denen der Geruch der
Klapperſchlange ſelbſt angenehm iſt.

Hr. la Cepedens zweite Art der Erklärung iſt weit annehmlicher. Schon zuvor
bemerkte ich, daſs dieſs auch die Erklä-
rungsart des Sr. Hans Sloane geweſen ſei,
ſo wie ſie denn auch von dem Verfaſſer der
engliſchen Anzeige von la Cepedens Geſchichte der Schlangen im Monthly Review
angenommen wird [d]).

Hr. la Cepede ſetzt nämlich hierin zum
Grunde, daſs das Thier, z. B. der Vogel
oder

[d]) Anhang zum Monthly Review enlarged, Vol,
2. p. 511, A. d. O.

oder das Eichhorn, wirklich bereits von der
Schlange fei gebiffen worden, und dafs
alle nachmalige, fonderbare Bewegungen
des Thieres nur Wirkungen der Angft find,
welche das in ihm nun fo fchmerzhaft wirkende Gift hervorbringt ᵉ).

Ich fehe mich durch Thatfachen gezwungen, diefe Meinung als ungültig zu
verwerfen. Hier find meine zwiefachen
Gründe dagegen.

1) Wir find ziemlich mit den hauptfächlichften Wirkungen des Gifts der Klapperfchlange bekannt; und es finden fich bei
den gebiffenen Thieren beträchtliche Ver-
fchiedenheiten diefer Wirkung. Bei einigen Thieren zeigt fich ein hoher Grad von
Entzündungsfieber; bei andern hingegen
eine völlige Benommenheit oder Schlaf-
fucht.

Das eine Thier fühlt nur erft mehrere
Minuten nach dem Bifs die Wirkung des
Giftes;

ᵉ) Auch ift diefs offenbar Kalms Meinung, wie
die vorhin beigebrachte Note zeigt. Z.

Giftes; ein anderes hingegen augenblicklich. Aber in jedem Falle der wirklichen
Vergiftung, zeigen sich Symptome, welche durchaus von allen denen, die bei der
sogenannten Bezauberung vorkommen, ver-
schieden sind. Es ist unnöthig, diese ver-
schiedenen Symptome hier genau aus einander zu setzen, da ich sie schon in einer andern Abhandlung andrer Orten der Societät
vorgelegt habe f). Es wird deshalb hinreichend sein, diefsmal nur blofs zu bemerken, dafs die beiden allgemeinsten Wirkungen des Gifts der Klapperschlange,
welche gewöhnlich sogleich auf den Bifs
folgen, in einer allgemeinen Schwäche
und einer völligen Benommenheit oder,
trunkenartiger Dumpffinnigkeit bestehen,
welche dann beide sicher dem Thiere nicht
erlauben, von einem Zweige zum andern
gleichsam herabzutanzen, und zu fliegen,
oder von und zu der Schlange eine beträchtliche Zeit lang zu hüpfen, ehe es
der letztern zum Opfer wird.

Ueber-

---

f) M. f. die hier gleich nachfolgende Abhandlung des Verfaffers. Z.

Ueberdiefs wird diefe Zauberei weit
länger gefpielt, als je ein wirklich von der
Schlange gebiffenes Thier bekanntlich ge-
lebt hat und leben kann. Oder hat es die
Schlange in ihrer Gewalt, nur eine gewiffe
gegebene Portion Gift dem Thiere einzu-
flöfsen, wie einige von unfern Wefpenar-
ten? Diefe Analogie ift wohl fchwerlich
anwendbar,

Kalm erwähnt einer Thatfache, welche
ein bedeutendes Gegengewicht gegen diefe
Art der Erklärung des Hrn. la Cepede (und
alfo auch Kalms felbft) enthält. „Das
„Eichhorn, oder der Vogel, fagt er, war
„eben im Begriff, fich in den Rachen der
„Schlange zu ftürzen, als die Zufchauer
„diefe gerade zuvor todt fchlugen, und
„kaum war der Schlag gefchehen, fo ent-
„floh das Thierchen aufs fchnellefte, und
„liefs fofort mit dem Klageton nach, als
„wenn es der Falle entgangen wäre.
„Einige fagen fogar, dafs, wenn man nur
„die Schlange berühre, und dadurch ihre
„Aufmerkfamkeit von dem Vogel oder von
„dem Eichhorne abzöge, fo entflöhe letz-
„teres auf eine beträchtliche Weite, ohne

inne

„inne zuhalten." Warum entfliehen diefe
Thiere nur fodann erft und fo fchnell?
Wären fie vergiftet oder gebiffen, um defs-
halb nicht fähig zu fein, der Schlange zu
entgehen, wie erhielten fie nun plötzlich
nach deren Tode, neue Kräfte zum Entfliehen?

2) Hier in Amerika ift es hinreichend
bekannt, dafs die Klapperfchlange nicht
die einzige Schlangenart ift, welcher man
die Kraft zufchreibt, Thiere zu bezaubern.
So weit meine Nachrichten gehen, fcheint
man fogar der Klapperfchlange nicht einmal einen fo hohen Grad diefer Kraft zuzufchreiben, als andern Schlangen. Wenigftens erzählt man fich hier zu Lande
eben fo fonderbare Gefchichten von dem
Zauber der *fchwarzen Schlange* (Coluber con-
ftrictor Linn.) als von dem der Boiquira.
Gäbe man daher nun auch felbft zu, dafs
das Gift der letzteren, dem Körper der
Thiere beigebracht, fo fonderbare ängftliche
Bewegungen und Aeufserungen erregen
könnte, wie würde man fich fodann Rede
und Antwort von dem Zauber der fchwarzen
Schlange zu geben, im Stande fein? Denn

D

es ift ja nur zu entfchieden bekannt, dafs
der Bifs der fohwarzen Schlange durchaus
nichts Giftiges an fich hat. Und diefs ift
wirklich eben wohl der Fall mit den meiften Schlangenarten, welche man bis jetzt
innerhalb des weiten Gebiets der vereinig-
ten Staaten von Amerika entdeckt hat.
Dennoch wird den meiften derfelben jene
Zauberkraft zugefchrieben.

Diefe Thatfachen und diefe Art darüber zu raifonniren, widerfprechen offenbar jener Erklärung des Zaubers durch
den Bifs felbft, denn hier finden fich fogar
Schlangen, deren ganzer Gift nur in ihrer
kriechenden Bewegung befteht g), mit eben
der

g) Diefen Ausdruck mögen meine eigenen Ge-
fühle entfchuldigen. Vielleicht fühlt nämlich
kein Menfch mehr die Stärke und das Trau-
rige der Vorurtheile, als gerade ich. Schon
längft habe ich den bis jetzt fo mangelhaften
als intereffanten Theil der Naturhiftorie, die
Gefchichte der Schlangen, ihre Anatomie
und Phyfiologie, genauer unterfuchen und defs-
halb eine Reihe von Verfuchen über ihre Re-
fpiration, Verdauung und Erzeugung vorneh-
men

der Kraft begabt, als die giftige. Und
mithin wären die Erklärungsarten des Hrn.
v. la Cepede für jeden Unpartheiifchen
hinreichend widerlegt.

Unter den übrigen gefcheidten Männern, welche fich mit dem Gegenftande
diefer Abhandlung befafst haben, und zugleich die angenommene Hypothefe einer
wahrhaften Zauberkraft der Schlangen verwerfen, das Phänomen felbft aber auf andere Art zu erklären fuchen, ift es mir angenehm, den fchätzbaren Hrn. Profeffor
Blumenbach in Göttingen vorzufinden.

In einer neuerlichen Schrift macht er
einige Bemerkungen über die Zauberkraft,

D 2   welche

men wollen. Allein es fteht bis jetzt nicht
in meiner Gewalt, meine natürliche Furcht
und meinen Abfcheu gegen diefe Thierart
überwältigen zu können. Statt einer ruhi-
gen Beobachtung und daurenden Unterfuchung kann ich nur mit dem grofsen Dichter
von Mantua fagen:

   — Cape faxa manu: cape robora paftor:
   Tollentemque minas et fibila colla tumentem
   Dijice: etc.
      Virg. Georg. Lib. III. 420. fq. A. d. O.

welche der Klapperfchlange zugefchrieben
wird. Hier find feine eigenen Worte [h].
„Dafs Eichhörnchen, kleine Vögel etc. von
„den Bäumen der darunter liegenden Klap-
„perfchlange gleichfam von felbft in den Ra-
„chen fallen, beftätigt fich allerdings, und
„ift um fo weniger befremdend, da man
„ähnliche Phänomene auch an andern
„Schlangen, und fo auch an Kröten, an
„Habichten, und an Katzen bemerkt hat,
„die alle, wie es fcheint, unter gewiffen
„Umftänden durch blofses fteifes Anfehen
„andre kleine Thiere an fich locken kön-
„nen. Hier diefer Schlange kommt da-
„bei ihre Klapper zu ftatten, deren zi-
„fchelndem Laut die Eichhörnchen etc.
„(— fei's nun aus einer Art Neugierde, oder
„Mifsverftändnifs, oder zagender Angft etc.)
„von felbft nachzugehen fcheinen. We-
„nigftens weifs ich von fehr unterrichte-
„ten Augenzeugen, dafs es der gewöhnli-
„che Kunftgriff der dortigen jungen Wil-
„den

---

h) Blumenbachs Handbuch der Naturhift. 1791.
S. 253.

„den ift, fich im Bufch zu verftecken, das
„Zifcheln der Klapperfchlangen nachzu-
„machen, und dadurch die Eichhörnchen
„zu locken und zu fangen. Die Klapper-
„fchlangen felbft werden von den Schwei-
„nen aufgefucht und ohne Nachtheil ge-
„freffen. Auch laffen fie fich überaus kirre
„und zahm machen."

Ohne mich auf eine umftändliche Er-
läuterung obiger Stelle einzulaffen, be-
merke ich nur dagegen Folgendes:

Erftlich; Die Eigenfchaft des Bezauberns ift auf keine Weife der Klapperfchlange einzig und allein beigelegt, fondern
eben fowohl der fchwarzen und andern
Schlangen, ohne Klappern, wodurch hier
angenommen wird, dafs fie ihre Beute
holen.

Zweitens; Einige Beobachter, welche
die Klapperfchlange grade in dem fogenannten Zauberactus zu fehen Gelegenheit
hatten, verfichern mir, die Schlange habe
bei der Gelegenheit die Klappern nicht geführt, fondern fich völlig ftill gehalten;

D 3 doch

doch muſs ich bemerken, daſs Hr. Vosmaer anführt, die Schlange habe ſtets die Klappern hören laſſen.

Drittens; Was die Gewohnheit der jungen Indianer betrifft, wovon Hr. Pr. *Blumenbach* redet, ſo geſtehe ich, daſs mir hiervon nichts bekannt iſt. Ich habe mich deſshalb ſowohl bei den Indianern ſelbſt, als auch bei Leuten erkundigt, welche lange unter ihnen gewohnt hatten, und ſie geſtanden mir einmüthig, hievon, eben wie ich, nie etwas gehört zu haben. Ich vermuthe daher, daſs Hr. Pr. *Blumenbach* unrecht berichtet ſei, wann nicht anders folgender Umſtand zu dieſer Sage Anlaſs gegeben hat.

Die jungen Indianer nehmen Pfeile kreutzweis gelegt in den Mund, und ahmen hierdurch vermittelſt einer zitternden Bewegung ihrer Lippen den Ton junger Vögel nach. Hierdurch werden die Alten ſo nahe herbeigelockt, daſs ſie leicht geſchoſſen werden können. Auf eine ähnliche Weiſe verbirgt ſich der Neuntöder (Lanius Excubitor) in das Gebüſch, und ahmet das Geſchrei eines jungen Vogels nach,

nach, wodurch es ihm dann zuweilen ge-
lingt, die Alten zum Fange herbeizulocken.

So lange ich nur immer die Gegenſtände
der Natur mit einiger Genauigkeit beob-
achtete, ſahe ich ſtets die Zauberkraft der
Klapperſchlange und anderer Arten von
Schlangen für völlig ungegründet an. Ich
horchte genau auf jede dahin einſchlagende
Geſchichte, welche mir von glaubwürdi-
gen Männern erzählt wurde. Allein es giebt
eine eigenſinnige Unglaubigkeit bei gewiſſen Köpfen; und bei mir iſt dieſe gerade
ſtark. Die Macht des Argumentirens allein
beſtimmte mich hiebei niemals zum Glauben; ich hielt mich ſtets überzeugt, daſs
ſich etwas Fehlerhaftes in der Beobachtung
ſelbſt eingemiſcht habe. Eine genaue Auf-
merkſamkeit führte mich dann auch wirklich zu dem Reſultate, daſs ſich bei dieſer
ganzen Sache weiter nichts Wunderbares
finde, als dieſs, daſs dergleichen von vernünf-
tigen Leuten für etwas Wunderbares habe
gehalten werden können.

Um bei dieſer merkwürdigen Sache genau hinter die Wahrheit zu kommen, und

meine

meine Meinung darüber zu fixiren, hielt
ich es nothwendig, mich zuvor zweier
Puncte völlig zu verfichern. Der erfte
war der: Was find es für Vögelarten, von
welchen man vorgiebt, dafs fie von den
Schlangen bezaubert werden?

Zweitens: Zu was für einer Jahrszeit
ereignet fich vorzüglich diefes fonderbare
Phänomen?

Ich glaubte Urfache zu haben zu vermuthen, dafs von der Beantwortung obiger beiden Fragen, die Auflöfung des ganzen Problems über die Zauberkraft abhängt;
und ich halte mich jetzt gewifs, hierin
nicht fchlgegangen zu fein. Dennoch mögen vielleicht die Leichtgläubigen darüber
anders denken.

Es ift etwas Merkwürdiges in der Gefchichte der Vögel, dafs faft jede Art, wenigftens in jedem Lande, eine ihm eigene,
fich ftets gleich bleibende Methode hat, ihr
Neft zu bauen, fowohl in Rückficht der
Form als der Materialien, ja felbft des
Orts,

Orts, der dazu gewählt wird i). Einige
Beobachtungen über diesen Gegenstand
D 5 wer-

i) Hiedurch will ich nicht sagen, dafs die Vögel
durchaus getrieben oder beftimmt werden,
ftets genau von einer und derfelben Materie
ihre Nefter zu bauen, und ftets in ein und
diefelbe Stelle und Lage zu fetzen. Diefs ift
indefs wirklich die Sprache einiger Schriftfteller der Naturgefchichte uud Moral, wenn
fie über den Inftinkt der Thiere reden; fie
fagen dann gerade zu, es fei unmöglich, dafs
Thiere von einer und derfelben Art in irgend
etwas von einander abweichen können.. „Das
„Waldhuhn fitzt in Amerika auf den Bäumen;
„der Haafe gräbt dort in die Erde, fagt Hr.
„Fergufon, und, führt er fort, hieraus er-
„giebt fich, dafs diefe beide Thierarten in
„Amerika nicht mit denen gleiches Namens
„in Europa von einerlei Art find." M. f. Fer-
gufons Principles of Moral and political fcien-
ce, Vol. I. p. 59 et 60. A. d. O. Hr. Barton hat in fo weit Recht, dafs der Inftinkt
der Thiere zuweilen einige Veränderung
oder Abweichung leidet, denn unfer Haafe
gräbt fich an den Pyrenäen Höhlen wie das
Kaninchen. Allein im Ganzen ift Hrn. Fergu-
fons Vortrag und Schlufs nicht durchaus zu
verachten. Die Auseinanderfetzung hiervon
führte uns hier nur zu weit. 2.

werden unſerer Abſicht nothwendig ſein;
da ſie, mit der Frage über die Arten der
Vögel, von welchen man behauptet, daſs
ſie dem Bezaubern beſonders ausgeſetzt
ſind, in genauer Verbindung ſtehen.

Verſchiedene Vögel bauen ihr Neſt
auf die Spitzen der höchſten Bäume; andere hängen ſie hingegen an die Zweige
auf, ja oft ſelbſt an ein Blatt ᵏ), während
daſs wiederum andere auf niedrigen Zweigen und im Gebüſche, oder in, hohlen,
alten Bäumen niſten. Viele Arten begnü-
gen ſich hingegen mit dem Erdboden ſelbſt,
legen ihre Eier in Felder oder Wieſen, ins
Korn, ins Gras, oder in ausgehöhlte Erde,
oder in hohle Steine. Um z. B. nur bei
den hieſigen (Nordamerikaniſchen) Vögeln ſtehen zu bleiben, ſo bauen die Adler,
die Geier, die Habichte und andere Raub-
vögel

k) Ein merkwürdiger Vogel unſerer Gegenden
   iſt in dieſer Rückſicht der ſogenannte Remiz-
   vogel, oder Pendulin, Parus Pendulinus.
   M. ſ. Pr. Titius Abhandlung hierüber im Allg.
   Magazin. Z.

vögel auf die höchften Eichen und andere grofsen Bäume. Der Baltimore - Vogel (Oriolus Baltimore Linn.), gewöhnlich hier in Penfylvanien, der *hängende Vogel* genannt, hängt fein fchönes Neft an das Aeufserfte eines Zweiges des Tulpenbaumes [1] (Liriodendron tulipifera) oder eines andern Baumes auf; die Wanderdroffel (Turdus migratorius L.) ift fchon mit tiefer ftehenden Zweigen zufrieden; die rothe Droffel (Turdus rufus L.); der rothgeflügelte Pyrol (Oriolus Phoenicius L.) und verfchiedene andere bauen in niedrigem Bufchwerk. Die Spechte, die blaue Bachftelze (Motacilla fiealis L.), der Baumläufer (Sitta) und andere, bauen in hohle Bäume; der Strandpfeifer (Charadrius. Linn.), der Geismelker, benutzen Höhlungen an dem Erdboden felbft oder im Gefteine, da hingegen die grofse Lerche (Alauda magna), der Zaunkönig (Motacilla Troglodytes) fich im Grafe und das Rebhuhn im Kornfelde anbauen.

Von

1) M. f. hiervon eine fchöne Abbildung beim Seligmannfchen Catesby, Vol. II. Tab. 96. Z.

Von allen den hier angeführten Vögelarten hat man bemerkt, daß diejenigen
dem sogenannten Zauber der Klapperschlange am meisten ausgesetzt sind, welche ihre Nester an der Erde selbst, oder
auf niedrigen Büschen und Zweigen bauen,
und zwar vorzüglich längst den Flüssen und
Bächen und andern, von den Schlangen
häufig besuchten, Orten. Wirklich scheint
die Zauberkraft der Schlangen sich gänzlich auf diese Arten eingeschränkt zu finden; daher hört man denn auch so häufig,
daß der Carolinische Fliegenstecher, der
sein Nest gewöhnlich zunächst der Wald-
bäche in niedriges Gebüsch bauet, wo die
Schlangen sich am liebsten aufhalten, von
ihnen bezaubert worden sei, daher finden
sich bei dem Seciren der Schlangen, auch
gewöhnlich nur Vögel, welche auf diese
Art bauen, in dem Magen der Schlangen.

Diese Thatsache hatte ich längst bemerkt; und sie hatte weit früher meine
Aufmerksamkeit rege gemacht, ehe ich an
diesen Aufsatz je dachte; jetzt schien sie
mir aber hier sehr anwendbar.

Die

Die Klapperſchlange beſteigt ſelten, ja
eigentlich wohl nie ᵐ), die Bäume. Ge-
meinig-

m) Einige Schriftſteller von Anſehen, behaupten, die Klapperſchlange erſtiege mit Leichtigkeit die Bäume. Hr. de la Cepede ſagt
von ihr, nachdem er zuvor angezeigt hat,
daſs ſie von Gewürmen, Fröſchen und Haſen
lebe: Il fait auſſi ſa proie d'oiſeaux et d'écu-
reuils: car il monte avec facilité ſur les ar-
bres, et ſ'y elance avec vivacité de branche
en branche, ainſi que ſur les pointes des ro-
chers qu'il habite, et ce n'eſt que dans la plaine
qu'il court avec difficulté, et qu'il eſt plus
aiſé d'eviter ſa pourſuite. Hiſt. nat. des Serpens, p. 490. Ich habe mir viele Mühe gegeben, zu entdecken, ob die Klapperſchlange
wirklich auf die Bäume ſtiege; allein alle
meine Unterſuchungen fielen verneinend
aus; ob ich gleich daneben Gelegenheit gehabt habe, ſehr viele Klapperſchlangen in den
weſtlichen Theilen von Penſylvanien, beſonders am Ohio, ſelbſt zu beobachten. Nur
ein einziger Indianer hat mir erzählt, er habe
einſtens eine Klapperſchlange auf einer geringen Höhe auf einem Rohre angetroffen.
Die meiſten Schlangenarten bewegen ſich
ſpiralförmig, die Klapperſchlange hingegen
ſtets gerade aus; und hierin liegt es, wefs-
halb

meiniglich findet man fie nur an der Wurzel und zwar befonders an feuchten Plätzen.
Es wird erzählt, dafs man diefs Thier oftmals um einen Baum gewunden foll angetroffen haben, wie es fürchterliche Blicke
auf ein Eichhörnchen fchofs, welches eben
durch diefen Blick, oder durch einen fub-
tilen Ausflufs oder Ausdünftung gleichfam
gezwungen worden fei, in den Rachen der
Schlan-

halb die Klapperfchlange keine Bäume, wie
die übrigen, erfteigen kann. Darin hat aber
Hr. la Cepede noch weiter geirrt, dafs er
diefer Schlange eine grofse Gefchwindigkeit
zufchreibt; denn es giebt faft keine langfamere,
trägere Schlangenart als diefe; wie diefs Linnäus mit Recht bemerkt hat. In gleichen Fehler ift auch Pifo gefallen; denn
er fagt von ihr: Iu triviis juxta ac deviis
locis cernitur, tam celeriter proreptans,
ut volare videatur, idque velocius per loca
faxofa quam terreftria. A. d. O. Hr. la Cepede
hat unftreitig feine Behauptung von dem
Pifo entlehnt. Sollte aber die Klapperfchlange der wärmeren Theile von Amerika
vielleicht fchneller fein, als die der nördlichen
Gegenden? Z.

Schlange zu ſtürzen. Dieſe Geſchichte
iſt, wie ich glaube, völlig ohne Grund, ob
ſie gleich von dem guten Cotton Mather
erzählt iſt *).

Freilich hat man die Klapperſchlange
zuweilen zunächſt der Wurzel eines Baums
angetroffen, auf deſſen niedrigen Zweigen,
wenige Fuſs hoch ein Vogel oder ein Eichhorn ſaſs und ſichtbare Zeichen von Furcht
und Angſt äuſserte. Allein was iſt hierin
denn Wunderbares? Die Natur hat jedes
Thier ſeinen Feind kennen gelehrt; und
obgleich, wie wir bald weiterhin ſehen werden, die Klapperſchlange ſich hauptſächlich von dem groſsen Froſche ernährt, ſo
friſst ſie dennoch gelegentlich auch Vögel
und Eichhörner; daher iſt ſie denn auch
letzteren ein Gegenſtand des Schreckens der
Vögel. Daſs das Thier (z. B. ein Vogel) daher alſo zuweilen von einem Zweige zum
andern auf und ab hüpft, mag gar wohl
ſein; allein daſs es deſshalb zu der Schlange
unwillkührlich hingeriſſen werde, leugne
ich

*) Philoſ. Tranſact., Nr. 339.

ich defswegen, weil man oftmals gefehen hat, wie ein Vogel die Schlange felbft von ihrem Lager fortjagte, und weil er oder auch das Eichhorn mehrmal nachher binnen wenigen Minuten zu feinem vorigen Sitz zurück-kehrte. Zu Zeiten nähert fich der Vogel oder das Eichhorn dem Feinde, den es fort-zujagen fucht, zu fehr, und alsdann wird das Thierchen eine Beute der Schlange. Indeffen find, wie wir fogleich hören wer-den, diefe Fälle lange nicht fo häufig, als man gewöhnlich glaubt.

. Meine Unterfuchungen über die Jah-reszeit, in welcher fich diefs Bezaubern der Vögel befonders ereignen foll, find noch genugthuender ausgefallen. Faft in jedem Falle fand es fich, dafs diefer ver-meinte Zauber der Schlangen, auf die Vö-gel gewirkt habe, gerade zur Zeit ihres Brütens und Erziehens ihrer noch hülflo-fen Jungen. Nun fieng ich daher an zu vermuthen, dafs jenes angftvolle Gefchrei der Vögel, welches man für das Zeichen der Bezauberung anfah, lediglich der ängft-lichen, furchtfamen Fürforge für die Er-haltung

haltung ihrer Jungen zuzuſchreiben ſei.
Und wirklich bin ich hievon nachmals
überzeugt worden.

Ich habe bereits angeführt, daſs die
Klapperſchlange nicht auf die Bäume ſteigt;
wohl aber die ſchwarze und andere Schlangenarten. Wenn dieſe ſich von Hunger
getrieben fühlen, ſo ſchlingen ſie ſich an
Bäume oder Buſchwerk in die Höhe, worauf ſich ein Vogelneſt befindet. Der Vogel kennt ſehr gut die Abſicht der Schlange. Er verläſst das Neſt, es mag Eier
oder Junge enthalten; und ſucht ſich dem
weitern Vordringen des Feindes auf alle
Art zu widerſetzen. Hiezu treibt ihn die
mütterliche Liebe auf das heftigſte an.
Sein Geſchrei iſt melancholiſch; ſeine Bewegung zitternd, und angſtvoll. Er ſtellt
ſich der äuſserſten Gefahr blos; ja er
kommt dabei zu Zeiten der Schlange ſo
nahe, daſs er von ihr ergriffen wird; dennoch iſt dieſs bei weitem nicht der häufigſte
Fall. Oft glückt es ihm wirklich,
die Schlange von dem Neſte hinwegzu-
treiben.

E   Es

Es ift bekannt, dafs bei einigen Vögel-arten die Weibchen zu gewiffen Zeiten ihre Jungen zwingen, das Neft zu verlaf-fen; nämlich nur erft alsdann, wann die Jungen hinreichend ftark find, um nicht mehr die ganze Sorge der Mutter zu be-dürfen. Ihr Flug ift aber fodann noch unbe-hülflich, und fie fliegen nur in kurzen Ab-fätzen und ermüden bald. Sie fallen zu Zeiten zu Boden, und bleiben dem Angriff der Schlangen ausgefetzt. In diefer Lage fetzt fich die Alte fodann auf einen Bufch in der Nähe der Schlange. Von dort aus fchiefst fie auf diefe herab, um ihre Jun-gen zu fchützen. Indefs, die Furcht, die Selbftliebe treibt fie dennoch wieder zu-rück; fie verläfst daher die Schlange, je-doch nur auf eine fehr kurze Zeit, und geht dann von neuem auf den Feind los. Oftmals gelingt es ihr, durch *einen* Angriff auf die Schlange mit den Flügeln, dem Schnabel und den Klauen, fie von dem Ver-nichten ihrer Familie abzuhalten. Ge-lingt es der Schlange, die Jungen zu erha-fchen, fo ift für die Mutter weniger Ge-fahr. Denn während, dafs jene den jungen

Vogel

Vogel verzehrt, so fehlt es ihr an Neigung
und selbst an Kraft die Mutter zu fangen.
Allein der Appetit der Schlangen ist grofs
und ihr Magen weit; ist daher das Junge
verzehrt, so beginnt die Gefahr der Mutter von neuem. Die Schlange ergreift
auch letztere und diefs ist dann die Cata-
strophe, mit welcher sich die Gefchichte
der Bezauberung endigt.

Die Liebe zu den Kindern ist nicht auf
den Menschen eingeschränkt; sie ist vielmehr dem ganzen Thierreiche eigen. Sie
ist gleichsam ein Strahl der Gottheit, der
den gröfsten Theil der Schöpfung be-
feelt. Es ist eine Leidenschaft, welche,
meinem Ermeffen zufolge, auf das nach-
drücklichste das Dafein, die allgemeine
Fürforge und die Allgüte eines grofsen Urwefens kund thut, welches mit gleich vä-
terlichem Blick, eben so wohl auf den Fall
eines Sperlinges, als eines Reiches her-
abfieht.

Bei den meisten Arten der Vögel ist
die elterliche Liebe aufserordentlich heftig. Täglich fehen wir hiervon Beifpiele

E 2   an

an unſerm zahmen Federvieh, und ich
glaube, daſs dieſs ſich bei ihnen, in ihrem
wilden natürlichen Zuſtande, noch weit
ſtärker äuſsert; denn es giebt Urſachen,
die da vermuthen laſſen, daſs dieſer Na-
turtrieb durch die Zähmung vermindert
worden ſei °).

Die Beiſpiele, welche ich bereits angeführt habe, und eine anderè Thatſache,
welche ich ſogleich beibringen werde, zeigen dieſen heftigen Trieb, die Jungen zu
ſchützen. Und nicht genug, daſs die Mutter ſie gegen die herbeiſchleichende Schlange zu vertheidigen ſucht, ſo giebt es Fälle,
wo ſie ſich lieber mit den Eiern ſogar fort-
tragen lieſs, als daſs ſie hätte das Neſt ver-
laſſen wollen.

Die folgende Thatſache ward mir vor
einiger Zeit von dem Präſidenten unſerer
Societät der Wiſſenſchaften, dem berühmten

____

o) Der Unterſuchung über die Triebe der Thiere werde ich eine eigene Abhandlung widmen. A. d. O.

ten Hrn. Rittenhoufe ᴾ) mitgetheilt. Sie
ift ein auffallender Beweis für das Syftem,
welches ich hier aufftelle; und ich bringe
fie hier mit defto gröfsern Vergnügen bei,
je bedeutender die Autorität und Sicher-
heit eines fo aufgeklärten Mannes ift.

Vor einigen Jahren hörte Hr. Rittenhoufe ein fonderbar melancholifches Ru-
fen einer rothgeflügelten Droffel (Oriolus
phoenicius L.) �). Er fchlofs daraus, dafs
der Vogel fich in einer ängftlichen Lage
befinde; und dafs eine Schlange in der
Nähe fei. Er warf einen Stein nach dem
Orte, von welchem das Gefchrei des Vogels
herkam; hiedurch ward der Vogel fofort
verjagt. Gleich darauf kehrte er indefs
wieder zurück und Hr. Rittenhoufe gieng
daher felbft dorthin. Er fand dann zu feiner gröfsten Verwunderung, die Droffel
auf dem Rücken einer grofsen fchwarzen

E 3 Schlan-

p) Bekanntlich ift diefer trefliche Mann feit
kurzem geftorben. Z.

q) M. f. die Abbildung beim Seligmann, I.
T. XXVI.

Schlange fitzend, wie fie auf diefe mit
ihrem, Schnabel loshackte. Die Schlange
war gerade im Herunterfchlingen eines
Jungen diefer Droffel begriffen, und nach
der Dicke von dem Leibe der Schlange zu
urtheilen, hatte fie bereits deren zwei bis
drei verfchluckt. Sobald die Schlange ge-
tödet war, flog der Vogel davon.

Hr. Rittenhoufe bezeugte, dafs das Gefchrei des Vogels genau dem geglichen
habe, welches man den (fogenannten) bezauberten Vögeln zufchreibt; und ich
zweifle keinen Augenblick, dafs felbft diefe
Thatfache für die Leichtgläubigen ein
neuer Beweis der Bezauberung gewefen
wäre. Was kann indefs leichter fein, als
die natürliche Erklärung diefer Thatfache?
Die rothgeflügelte Droffel bauet ihr Neft
in niedrigen Gebüfchen, und der Boden ift
dafelbft gewöhnlich der Aufenthalt der
fchwarzen Schlange. Diefe fand es alfo
nicht fchwer, fich zu dem Nefte des Vogels hinauf zu winden, und, wahrfcheinlich in Abwefenheit der Mutter, die Jungen zur Nahrung herauszuholen. Vielleicht

leicht waren aber auch die jungen Vögel schon von der Mutter selbst gezwungen worden, das Nest zu verlaffen. In jedem dieser Fälle kam die Mutter ihnen zur Hülfe, um sie gegen die Schlange zu schützen.

Es ist hinreichend bekannt, dafs die gewöhnliche Nahrung der Klapperschlange in dem grofsen Frofche [r] befteht, der fich an den Bächen und Flüffen aufhält. Die Schlange liegt dort im Hinterhalte und lauert auf diefe Beute; fie wendet aber dabei keine befondere Kunftgriffe oder gar Zauberei an, fondern fie verläfst fich auf ihre Stärke und Lift. Ein fehr gefcheidter Mann und Freund von mir [s], der mit grofser Sorgfalt die Naturgefchichte der Klapperfchlange ftudirt, und viele derfelben anatomirt hat, bezeugte mir, dafs ihm nur ein einziger Fall vorgekommen fei, das er im Magen der Schlange einen Vogel und zwar den rothäugigen Finken

E 4 (Frin-

---

r) Rana ocellata L.

s) Hr. Timothy Matlac.

(Fringilla erythrophtalma Linn.) ange‑
troffen habe. Auch kam ihm einmal ein
Erdeichhorn (Sciurus ſtriatus Linn.) in dem
Magen der Schlange vor; allein bei jeder
andern Unterſuchung dieſer Art ſahe er,
ſoweit die Verdauung nur noch Spuren
des Verdauten übrig gelaſſen hatte, ledig‑
lich die Ueberbleibſel des groſsen Froſches.

Es bleibt uns zuletzt noch ein anderer
Grund gegen die Zauberkraft der Schlan‑
gen übrig. Man kann natürlicherweiſe
fragen, zu was für einem Endzwecke die
Natur den Schlangen dieſes Talent gege‑
ben habe? Die Antwort hierauf iſt ge‑
wöhnlich aller Orten eine und dieſelbe, näm‑
lich damit die Schlange ſich dadurch ihre
Nahrung verſchaffe.

Zugegeben nun, daſs die Schlangen die
Kraft beſitzen, Thiere zu bezaubern, um
ſich dadurch Nahrung zu verſchaffen, (ob
man gleich ſogar annimmt, daſs die Schlan‑
gen, die doch nie Kinder freſſen, ſelbſt
Kinder bezaubern), ſo müſste man ſodann
doch offenbar in ihrem Magen gerade die
Thiere finden, von welchen man annimmt,

daſs

dafs fie von ihnen bezaubert werden, nämlich Vögel und Eichhörner. Diefs ift aber,
wie wir fo eben gefehen haben, durchaus
nicht der Fall.

Ich darf hier, als diefer Materie nicht
ganz fremd, noch bemerken, dafs alle hie-
fige Schlangen mehreren Vögelarten zur
Speife dienen. Selbft die Klapperfchlange
wird die Beute einiger ftarken muthigen
Vögel. So viel mir bis jetzt davon bekannt ift, gehören hier befonders her, der
Habicht mit dem Schwalbenfchwanze (Fal-
co furcatus L.) ꞇ) und die gröfsern Eulenar-
ten. Letztere ernähren häufig ihre Jungen
mit der Klapperfchlange, denn man findet
die Knochen derfelben auf einer fehr anfehn-
lichen Höhe in ihren Neftern. Ja fogar ein
Huhn verliefs ihre erfchrocknen Jungen auf
eine kurze Zeit, griff eine Klapperfchlange
mit ihrem Schnabel an, und verzehrte
einen beträchtlichen Theil davon ꭒ).

E 5 Die

ꞇ) Seligmanns Catesby, I. Tab. 5.

ꭒ) Gewöhnlich hält man die Klapperfchlange
für ein ftarkes Thier; allein fehr unrichtig.
Ein kleiner Schlag macht fie plötzlich unfähig
fort

Die fchwarze Schlange ift von weit gröfs-
rer Thätigkeit als die Klapperfchlange.
Letztere erfteigt, wie gefagt, niemals die
Bäume, allein die erftere felbft die höchften. Auch bedarf die Klapperfchlange
keiner befondern Thätigkeit und Gewand-
heit, da fie nur vorzüglich von Fröfchen
und nicht, wie die fchwarze, von Vögeln
lebt. Befäfse diefe nun aber eine Zauberkraft, fo hätte fie nicht erft nöthig, die
Bäume zu erfteigen, fondern zauberte die
Vögel, an der Erde liegend, zu fich herab. Auch ift es ein neues Argument gegen diefe Kraft, dafs man nur junge und
faft nie alte Vögel in ihrem Magen antrifft.

Wenn ich fage, dafs die fchwarze
Schlange Bäume befteigt, fo führe ich, um
nicht weitfchweifig zu werden, nur ein
einziges, aber fehr merkwürdiges Beifpiel
davon an.

Eine

fort zu kriegen; der kleinfte Streich auf den
Kopf tödret fie augenblicklich. Ihre Hirn-
fchale ift aufserordentlich dünne und zer-
brechlich, und ein Schlag darauf mit den
Flügeln einer Droffel würde fie zerbrechen.
A, d. O.

Eine fchwarze Schlange wand fich an
einem Baum in die Höhe, um die Jungen
eines Baltimorevogels aus dem Nefte zu
holen. Diefer Vogel hängt, wie fchon
oben erwähnt wurde, fein Neft fehr ge-
fchickt an die äufserften Zweige auf. Diefsmal war es an ein fo dünnes Ende des Zweiges gehangen, dafs die Schlange es unmöglich fand, fich längft diefen Zweigen hin-
zufchlingen. Sie benutzte daher fchlau
einen höhern, über dem Nefte ftehenden
(ftärkern) Zweig; wand nur einen kleinen
Theil ihres Schwanzes um denfelben; liefs
den übrigen Theil des Körpers in das Neft
des Vogels herabhangen, und verfchluckte
in diefer Stellung ein Junges nach dem
andern.

Diefe Beobachtung fcheint mir von der
äufserften Wichtigkeit zu fein. Ein amerika-
nifcher Wald ift nicht etwa die ruhigeftille
Wohnung weniger Vögel. Während des
gröfsten Theils des Frühlings und des Som-
mers, lebt unfer Wald von einer zahllofen
Menge einheimifcher und durchwandern-
der Vögel. Wenn die fchwarze Schlange
in diefer Zeit die Kraft zu bezaubern be-
fitzt,

fitzt, fo kann es ihr ficher nicht fchwer
werden, fich ihr Futter zu erwerben. Dennoch fahen wir in dem fo eben erzählten
Vorfalle, wie fie fich genöthigt fand, die
höchften Bäume zu erklimmen, und dort
ihr äufserftes Talent aufzubieten, um zu
ihrer Beute zu gelangen.

Ich kann diefe Abhandlung nicht been-
digen, ohne das Vergnügen zu bezeugen,
welches die darin enthaltene Unterfuchung mir verurfacht hat. Denn dem
Liebhaber der Wiffenfchaften gewährt je-
derzeit die Entdeckung von Wahrheit
ächte Freude. Und diefe fteigt bis zu
wahrer Wonne, wenn man findet, dafs unfer Nachforfchen, einer Unwahrheit den
Schleier entreifst, unter welchem fie viel-
jährig die Menfchheit täufchte.

Der Aberglauben drückt die Würde des
Menfchen herab, und macht ihn felbft un-
glücklich. Der Hauptzweck der Wiffenfchaften follte darin beftehen, die Würde
des Geiftes zu befeftigen und ihm die Wege
zur Glückfeligkeit zu ebnen. Das Unge-
mach und die Schwachheiten des Lebens
find

ſind ohnediefs groſs genug; es iſt nicht blofs thöricht, ſondern ſtrafbar ſie zu vermehren. Derjenige, welcher wirklich glauben kann, der groſse Urheber alles Guten habe ein ſcheuſsliches Ungeziefer mit einer Kraft, Vögel zu bezaubern, begabt, wird ſchwerlich hiebei ſtehen bleiben. Er wird weiter gehen und vielleicht ſich ſelbſt nicht mehr von deſſen Einwirkung frei halten. Er kann ferner annehmen, dieſe Kraft ſei nicht auf die Schlangen eingeſchränkt; und wohl gar wähnen, ſie mache nur einen geringen Theil eines groſsen Plans aus, deſſen Wirkungen mächtig und unwiderſprechlich ſind, obgleich dem menſchlichen Geiſte völlig unbegreiflich.

Hiſtoria naturalis non bene digeſta abit in fabulam; praejudicia vero et nimia credulitas veritatem, etſi cominus ſatis cognitam, longiſſime aliquando propellunt.

JAC. THEOD. KLEIN.

II.

II.

Ueber die wirkſamſten Mittel gegen die

ſchrecklichen Folgen des Biſſes der Klapperſchlange a).

Während einer Reiſe in die weſtlichen
Niederlaſſungen von Penſylvanien und die
angrenzenden Länder, welche ich im Jahre
1785

a) Ich ſchränke mich hier auf die Schauerſchlan-
ge (Crotalus horridus Linn.) deſswegen ein,
weil ich mit dieſer Art am beſten bekannt
bin; weil ſie die gewöhnlichſte in dieſen Gegenden iſt; und weil ich ſie für die giftigſte
von allen halte, welche innerhalb unſerer
Staaten entdeckt ſind. Ich zweifle indeſs
nicht, daſs die Methode, welche ich hier
empfehlen werde, und überhaupt meine Beobachtung ſich auch mit Nutzen auf die
Schleuderſchlange (Crotalus miliaris L.) und
auf die amerikaniſche Klapperſchlange (Crotalus Duriſſus L.) und auf andere giftige Schlangen werde anwenden laſſen. A. d. O.

1785 unternahm, lieſs ich es mir beſonders angelegen ſein, genaue Nachrichten
von dem Gifte der Klapperſchlange, und
von den Mitteln einzuziehen, deren man
ſich dort gegen die Folgen deſſelben bedient, wie auch von der ganzen Kur der
von der Schlange Gebiſſenen. Es wurden
mir dieſem zufolge dann eine beträchtliche Anzahl Pflanzen, theils genannt, theils
auch wirklich vorgezeigt, wovon man ver-
ſicherte, daſs ſie wirkſame Mittel gegen
den Biſs der Klapperſchlange ſein ſollten.

Ohne unter die Skeptiker zu gehören,
hatte ich häufig Urſache entweder die
Wahrheitsliebe oder wenigſtens die Genauigkeit derjenigen zu bezweifeln, welche
mir dieſe Mittel nannten. Denn ſelbſt
nur geringe mediciniſche Kenntniſſe lehr-
ten ſofort, daſs viele der angegebenen
Mittel einander gerade zu entgegen liefen; und daſs ihnen zufolge, das ſich ſo
einförmig äuſsernde Gift der Schlangen,
von eben ſo verſchiedenen Pflanzen gehemmet und überwältigt würde, als die Ge-
ſchlechter und Arten nebſt ihren Einwir-
kungen

kungen in den menfchlichen Körper waren, wozu diefe Pflanzen gehörten.

Ich hätte daher faft zweifeln follen, dafs die Kraft des Giftes wirklich fo er- ftaunlich fei, als man fie angiebt. Es war mir nicht unbekannt, dafs die Klapper- fchlange in den Monaten ihrer Ermattung oder auch Erftarrung felbft nicht ohne au- genfcheinlichen Widerwillen, und fodann auch ohne bedeutende, ja wohl gar ohne alle böfe Folgen beifst. Ebenfalls wufste ich, dafs es fogar in den heifseften Mona- ten, in welchen der Bifs diefer Schlangen fo fchreckliche und fchnell tödtliche Fol- gen hat, dennoch zuweilen Individuen da- von geben mufs, deren Giftbehälter faft gänzlich leer, mithin unfchädlich find b).

Auch

b) Vor einigen Jahren machte Jemand in Phila- delphia folgende Verfuche: Er hatte mit einer grofsen lebendigen Klapperfchlange, welche er in einem Bauer verfchlofs, die Einrichtung vermittelft eines Strickes fo ge- troffen, dafs er fie herein und herauslaffen konnte.

Auch konnte ich mir denken, dafs ein Bifs
in die fehnichten Theile des Körpers weniger fchädlich fein würde, da er weniger
Gelegenheit gäbe, das Gift von der Blut-
masse

konnte. Am erften Tage liefs er ein Huhn
von der Schlange beifsen. In wenigen Stunden verlohr das Huhn alle Lebenskräfte und
ftarb. Am zweiten Tage ward ein anderes
Huhn von der Schlange gebiffen. Diefs
lebte weit länger. Ein am dritten Tage gebiffenes Huhn fchwoll zwar fehr beträchtlich auf,
allein es erholte fich wieder, und die am
vierten Tage gebiffenen Hühner litten gar
nichts. Nach diefem foll die Schlange fehr
gewachfen und fett geworden fein. Zufolge
einer handfchriftlichen Nachricht meines Va-
ters. Etwas ähnliches fagt der Verfaffer des
Auszugs von la Cepedens 2tem Theil der Hift.
des Serpens im Appendix des Monthly Re
view. Vol. II. pag. 511. Diefe Thatfachen
erklären, warum zuweilen Leute ohne fchädliche Folgen von der Klapperfchlange gebiffen worden; fie erklären, warum verfchiedene
Pflanzen für wirkfame Gegengifte find gehalten worden; und endlich beweifen fie, dafs
das Gift der Klapperfchlange nur fehr langfam
bei ihr abgefondert wird. A. d. O.

F

maſſe abſorbiren zu laſſen. Und aus dieſen beiden letzten Annahmen ließ es ſich
dann erklären, wie oftmals völlig unwirk-
ſame Pflanzen für wirkſame Heilmittel wären angeſehen worden.

Als ich indeſs genauer in die Sache ſelbſt
eindrang, ſo fand ich, daſs, wenn man
gleich den inneren Medikamenten gegen
den Biſs einen ſehr hohen Werth beizule-
gen ſucht, ſo gehört doch offenbar der
wirkſamſte weſentlichſte Theil den äuſsern
Mitteln, ſowohl um der Wirkung des Gifts
zuvorzukommen, als auch um den ſchon
Leidenden zu heilen.

Die allgemeine Curmethode beſteht
hauptſächlich in folgendem:

Sobald Jemand von der Klapperſchlange
gebiſſen iſt, ſo wird dasjenige Glied oder
der Theil des Leibes, dem durch den Biſs
das Gift eingeflöſst iſt, in ſofern dieſs nur
immer möglich iſt, ſehr ſcharf unterbun-
den. Sodann wird die Wunde ſkarifizirt,
und ein Gemiſch von Salz und Schieſspul-
ver, zuweilen nur eins von beiden darauf
gelegt;

gelegt; das Ganze aber mit der Rinde des weifsen Wallnufsbaums (Juglans alba Linn.) überbunden. Zu gleicher Zeit werden dann häufig Infufionen, oder auch Decocte, von den mir als Gegengifte gerühmten Vegetabilien innerlich gegeben, nebft einer ftarken Portion Milch.

Diefs ift aber nicht nur die Vorbauungs- und Heilmethode in den weftlichen Niederlaffungen gegen den Bifs der Klapperfchlange, fondern auch gegen den, verfchiedener anderer Schlangenarten, wovon ich nächftens der Societät eine eigene Abhandlung vorlegen werde.

Jetzt merke ich hier nur noch an, wie ich Urfache habe, zu glauben, dafs diefe Curart oftmals gegen den Bifs folcher Schlangen angewandt ift, welche nicht unter die giftigen gezählt werden. Ich weifs, dafs diefs der Fall bei der fogenannten Wampumfchlange, (Coluber fafciatus Linn.) ift; denn eine genaue Unterfuchung diefer Schlangenart hat mich überzeugt, dafs ihr Bifs, eben wie der von mehreren Arten des Gefchlechts der Natter (Coluber

F 2   L.),

L.), völlig harmlos ift. Ich halte es für
Pflicht hiebei anzuzeigen, dafs auch Catesby, der uns eine gute Zeichnung und Befchreibung der Wampumfchlänge in feiner
Naturgefchichte von Carolina gegeben
hat ͨ), bereits diefe Unfchädlichkeit an-
merkte. Auch Linnäus hat in feinem Na-
turfyftem das Zeichen des Schlangengifts
dem Nahmen diefer Schlangenart nicht
vorgefetzt ͩ). Allein er war dort mit Unrecht ungewifs, ob die bandirte Natter
(Col. fafciatus) wirklich die Wampumfchlange des Catesby fei. Denn eine genaue Vergleichung der Befchreibung des
Linné und Catesby mit dem Thiere felbft
haben mich völlig überzeugt, dafs diefs
wirklich die Wampumfchlange ift.

Um

c) Tab. 58. S. 58. von Eifenberger und Lichtenfte-
   chers Nachftich der Fifche und Schlangen des
   Catesby. Nürnberg 1750. gr. Fol.
d) Linné hat bekanntlich das chemifche Zeichen des Eifens jeder mit Gift begabten
   Schlangenart vorgefetzt; bei dem Col. fafciatus fehlt es; bei der Citation des Catesby
   fteht aber ein Fragezeichen. Syft. Nat. Gmel.
   T. III p. 1699.

Um wieder zu der Hauptfache zurück-
zukommen, fo fetze ich in jene einfache
Heilmethode grofses Zutrauen. Ja, ich
halte mich überzeugt, dafs faft alle heil-
fame Wirkung, welche man den vielfa-
chen Medikamenten zuzufchreiben pflegt,
hauptfächlich der Skarifikation und der
Anwendung des Salzes und des Schiefspul-
vers, nebft dem Ziehpflafter gehöre.

Dennoch leugne ich nicht, dafs mehrere innerlich gebrauchte Mittel Nutzen
haben können. Dahin rechne ich befonders Decoctionen und Infufionen von Vegetabilien, welche mit vielem warmen Waffer oder auch mit Dampfbädern zugleich
genommen werden. Denn da diefe ftark
auf den Schweis treiben, fo können fie
wohl dazu beitragen, das Gift aus der Maffe
des Bluts zu fchaffen. Auch treiben einige
der innern Mittel ftark auf den Harn, und
mögen auch daher nicht ganz unwirkfam
fein. Die Indianer in dem Freiftaate von
Jerfei follten, wie man fagt, fich vormals
des ausgeprefsten Safts der Gartenraute
(Ruta graveolens L.) gegen den Bifs der

Klapper-

Klapperfchlange bedient haben. Bekanntlich ift diefe Pflanze fehr wirkfam, und der
Saft in fo grofsen Dofen, wie von den Indianern gegeben, bringt einen fehr ftarken
Schweis zu Wege. Sie gaben aber einem
erwachfenen Menfchen etwa zwei Efslöffel
voll von diefem Safte alle zwei Stunden, bis
jene Wirkung erfolgte.

Indefs mufs ich bemerken, dafs man
während des Gebrauchs der Raute, ja felbft
fchon zuvor die äufsern Mittel anwandte,
wovon das hauptfächlichfte ftets das Unterbinden war.

So hatten alfo die Wilden den Werth
diefes wichtigen Mittels, nämlich der Li-
gatur, fchon richtig angewandt, ohne nur
von Ferne etwas von dem abforbirenden
Syfteme zu wiffen; und die Europäer lernten vielmehr diefs Mittel von ihnen. Der
Wilde fieht fich, vermöge feiner herum-
fchweifenden Lebensart, weit mehr dem
Biffe der Schlangen ausgefetzt; und es ift
daher fehr glücklich für ihn, dafs er eine
fo vernünftige Methode kennt, fich gegen
die Folgen deffelben zu verwahren.

Und

Und wenn er gleich neben dem Unterbinden manche unnütze Medikamente an-
wendet, so muſs man bedenken, daſs letzteres oftmals selbſt bei den Europäern der
Fall iſt, welche dennoch die Medicin lange
wiſſenſchaftlich behandelten.

Das Salz und das Schiefspulver ziehen,
auf die ſkarifizirte Wunde gelegt, ſtark
das Blut hervor, beſonders deſſen ſeröſen
Theil; und die Rinde der weiſsen Wall-
nuſs, da fie, wie wir zuvor anzeigten, den
Canthariden der Wirkung nach gleich-
kommt, befördert dieſes Ausſondern des Se-
rums, und mit ihm alſo des Gifts nur noch
kräftiger.

Es ift mir nicht bekannt, daſs man
auſser dieſer Wallnuſsrinde noch eine andere Pflanze als Ziehpflaſter gebraucht.
Dennoch kennen ſowohl die Indianer, als
die hieſigen Europäer, die Ziehkraft anderer hieſigen Pflanzen, z. B. des Winter-
grüns (Pyrola rotundifolia L.) und einiger
Arten der Ranunkel (Ranunculus L.). Die
Wurzel dieſer Pyrola wird in einigen Theilen von Penſylvanien, zerſtoſsen als Zug-

F 4   pflaſter

pflafter gebraucht; aber nur allein in rheu-
matifchen Befchwerden, fo viel mir bekannt ift, niemals gegen das Gift der
Schlangen. Auch habe ich gehört, dafs
man fich einmal der Canthariden-felbft, bei
dem Biffe der Klapperfchlange, und zwar
mit dem beften Erfolge bedient habe ᵉ).

Soll übrigens die Cur von Wirkung
fein, fo ift es höchft nothwendig, fie fobald
als möglich nach dem Bifs anzufangen. Ift
das

 e) Seitdem ich diefs fchrieb, erfuhr ich, dafs
man auch das Seidelbaft (Rinde des Daphne
Mezereum L.) auf das glücklichfte gegen den
Bifs einer giftigen Schlange angewandt habe;
m. f. Flora Suec. Linn. p. 128. Auch ift diefs
der Fall beim Bifs eines tollen Hundes gewefen. Acrells Abhandlung der Schwedifchen
Gefchichte der Wiffenfchaften fürs Jahr 1778
p. 108. Alle Arten der Daphne der Botani-
ker, haben ähnliche Eigenfchaft; gekauet rei-
zen fie heftig den innern Mund., und äufser-
lich wirken fie wie Zugpflafter. Daher wären diefe, befonders auch die Daphne Gnidium, wohl beim Biffe der Schlangen, der minder wirkfamen Wallnufsrinde vorzuziehen.
A. d. O.

das Gift unweit eines abforbirenden Ge-
fäfses beigebracht worden, fo kann man
annehmen, dafs es mit grofser Gefchwindigkeit in das Blut treten werde. Selbft
die mildeften Flüffigkeiten gehen fehr
fchnell durch die lymphatifchen Gefäfse;
werden aber diefe Gefäfse der Kälte ausgefetzt, oder gar durch irgend ein Gift ge-
reizet, dann wird ihre forttreibende Kraft
fehr vermehrt. Indefs ift das erwähnte
Unterbinden des verwundeten Gliedes auch
dann nicht zu unterlaffen, wenn man fich
überzeugt hält, dafs ein Theil des Gifts
wirklich abforbirt ift.

Da verfchiedene Giftarten, bey ihrem
Durchgange durch die lymphatifchen Gefäfse, in denen diefen zugehörenden Glandeln aufgehalten werden; fo fcheint es
nicht zwecklos zu fein, auch diefe Glandeln zu fkarifiziren, damit hierdurch eine
Ausfonderung des Giftes dorten zu Wege
gebracht werde. Gefetzt z. B. das Gift
der Klapperfchlange fei in die Fufsfohle gebracht worden, oder in das Aeufserfte des
Fufses nahe an der Mündung einer Anzahl

lympha-

lymphatifchet Gefäfse. Gewöhnlich zeigt
fich die reizende Wirkung des Gifts binnen wenigen Minuten. Die lymphatifchen
Gefäfse nehmen Theil an der Entzün-
dung; das Gift wird fchnell durch fie hin-
getrieben, aber fein Durchgang durch die
Blutgefäfse wird in den conglomerirten
Glandeln etwas aufgehalten, welche beim
Menfchen einen fo wefentlichen Theil des
abforbirenden Syftems ausmachen. Dennoch bemerkt man, im Fall das Unterbinden nicht fehr fchnell und fehr forgfältig
vorgenommen ift, bald darauf ein An-
fchwellen der Glandeln der Leiften. In
diefem Zuftande der Krankheit, würde ich
eine anfehnliche (extenfive) Skarifikation
diefer Glandeln felbft, und daneben zugleich die Application eines fehr wirkfamen Zugpflafters anrathen. Zu letzterm
kenne ich kein befferes Mittel als die Rinde
oder den Seidelbaft des Daphne Gnidium L.

Oftmals ereignet es fich, dafs das Gift
der Klapperfchlange, fo wie das vom tollen Hunde, nur allein in muskulöfe Theile oder auf Ligamente und Sehnen gebracht

bracht ift; da es denn einige Zeit verweilet, ohne fofort in die Maffe des Bluts überzugehen. In folchen Fällen ift die Wirkung der hier vorgefchlagenen Heilart unftreitig fehr grofs. Und man mag dem Schnitte, oder den Arzneimitteln noch fo vielen Werth über die Skarifikation beilegen, fo halte ich mich dennoch von dem Nutzen des Unterbindens überzeugt.

Bis dahin habe ich nur blofs von dem Falle geredet, da das Gift nur erft vermittelft der abforbirenden lymphatifchen Gefäfse in das Blut gebracht wird. Allein wenn es unglücklicher Weife gerade zu in eine Blut- oder Schlagader follte geführt werden, dann find die Arzneimittel, bei der höchft fchnellen Fortpflanzung des Gifts, dagegen weit weniger wirkfam. Mir ift ein Beifpiel bekannt, von einer Perfon, welche, da fie fich unter einem Baume ausruhete, von einer Klapperfchlange in den Nacken gebiffen wurde. Hier wurden zwar fofort Hülfsmittel angewandt; allein alles war vergeblich; unter vielen Leiden ftarb fie wenige Minuten nach dem Bifs. Die geringe Entfernung der Quelle aller Cirkulation

lation von dem Bifſe, erklärt dieſe ſchnelle
Wirkung ganz natürlich. Denn daſs das
Gift ſeine gröſste Wirkſamkeit auf das Blut
ſelbſt äuſsert, weiſs man gewiſs, ob man
gleich noch nicht erklären kann, wie es
auf dieſe Flüſſigkeit eigentlich wirkt.

Dieſs mag nun aber geſchehen, auf welche Art es auch wolle, ſo iſt doch ſo viel
gewiſs, daſs das allermindeſte Theilchen
des Gifts, in die Maſſe des Bluts ſelbſt gebracht, die fürchterlichſten Folgen nach
ſich zieht. Schon Catesby ſagte: „wenn
„eine Klapperſchlange mit ihren tödtlichen
„Fängen mit aller Gewalt beiſst, und eine
„Vene oder Arterie trifft, ſo folgt der Tod
„gewiſs darauf, und zwar, wie ich öfters
„geſehen habe, in weniger als zwei Minu-
„ten. Die Indianer wiſſen den Augenblick,
„wenn ſie gebiſſen worden, wie es ihnen
„gehen wird; merken ſie, daſs der Bifs
„tödtlich ſei; ſo brauchen ſie kein Mittel,
„indem ſie alles für vergeblich halten. Iſt
„der Bifs in einem fleiſchichten Theile, ſo
„ſchneiden ſie ſolchen gleich aus, um zu
„ver-

„verhindern, dafs fich das Gift nicht aus-
„breite ꜰ).“

Diefer Vortrag des Catesby ſtimmt auch
völlig mit meinen eingezogenen Nachrichten überein. Indefs kann ich mir dennoch kaum vorſtellen, dafs *jedes* Ein-
dringen des Gifts der Schlange in das Blut
nothwendig tödtlich ſei.

Denn da in den weniger bevölkerten
Theilen unferer Staaten ſo häufig Menfchen von der Klapperfchlange gebiſſen
werden, ſo wäre es kaum möglich, dafs
hierunter nicht häufiger Fälle vorkämen,
bey welchen das Gift geradezu in das Blut
gebracht würde; und dennoch, wie felten
hört man jetzt von tödtlichen Folgen diefes
Unglücks! Dem ſei indefs, wie ihm wolle,
ſo müfste man gleichwohl nie das Unterbinden verabfäumen, wobei man fich auch
wohl eines ſtark Schweistreibenden Mittels, z. B. der Raute, mit Nutzen bedienen
könnte.

In

ꜰ) Catesbys Fifche in Schlangen durch Eifenberger und Lichtenſtecher, Nürnberg 1750.
gr. Fol. S. 41.

In wie weit aber die Milch zur Wiederherstellung des Patienten mit Nutzen gebraucht werden mag, bin ich nicht im Stande genau zu beſtimmen. Dennoch geſtehe ich, daſs ich nur geringes Zutrauen in den Gebrauch davon ſetze, ob man ſich ihrer gleich faſt in allen unſern neuen Niederlaſſungen häufig hiebei bedient.

Jetzt habe ich nun die hauptſächlichſten Methoden beſchrieben, zu denen man bei uns, gegen das Gift der Klapperſchlange ſeine Zuflucht nimmt, wobei ich zugleich Gelegenheit nahm, meine eigenen Vorſchläge mit einflieſsen zu laſſen. Da es mir hier aber mehr auf Nützlichkeit als Vollſtändigkeit ankam, ſo bin ich mehrere Curarten, deren man ſich ſowohl in Oſten als in Weſten jenſeits der Gebirge bedient, abſichtlich übergangen. Indeſs verdient hier doch noch beſonders wohl die Methode des Ausſaugens des Gifts aus der Wunde angeführt zu werden, welche ziemlich allgemein bei den Krihks und andern indianiſchen Stämmen der ſüdlichen Gegenden eingeführt iſt. Mein würdiger Freund,

Hr.

Hr. W. *Bartram*, hat hierüber von den dortigen Kaufleuten hinreichende Auskunft erhalten. Dafs einige Indianer die Wunde ausfchneiden, ift bereits oben angeführt worden; doch foll der Kranke felbft, wenn er völlig hergeftellt ift, alle Jahr um die ähnliche Zeit der Verwundung, von neuem Schmerzen leiden [g]).

Ift das Gift der Klapperfchlange wirklich in die Maffe des Bluts gedrungen, fo fängt es fofort an, feine Wirkung auf eine fehr beunruhigende und charakteriftifche Art zu zeigen. Das erfte Symptom ift eine beträchtliche Uebelkeit, die felbft oft bis zum Erbrechen geht [h]). Gleich darauf bemerkt

g) Der Abt Clavigero fagt, man behaupte, die wirkfamfte Cur des Biffes beftehe darin, dafs man den verwundeten Theil eine Zeitlang in die Erde halte. Gefchichte von Mexico, I. p. 59. der englifchen Ueberfetzung. A. d. O.

h) Diefes Erbrechen zeigt fich, felbft wenn das Gift nur in muskulöfe Theile gedrungen ift, ehe es felbft die Blutgefäfse vermittelft der lymphatifchen erreicht haben kann, oder wenn

merkt man eine fehr deutliche Veränderung des Pulfes; er wird voll, ftark und fehr fchnell. Der ganze Körper fängt an zu fchwellen; die Augen unterlaufen mit Blut fo fehr, dafs es binnen kurzem fchwer wird, noch das Mindefte vom Weifsen des Auges zu fehen. Oftmals zeigt fich eine Hämorrhagie aus den Augen, ja auch wohl aus Nafe, und Ohren; und die Veränderung (Zerfetzung) im Blute ift fo grofs, dafs eine beträchtliche Menge in Geftalt des Schweifes über den ganzen Körper hervordringt. Die Zähne werden in ihren Höhlungen wackelnd, und die Schmerzen und Angft des unglücklichen Leidenden zeigen bald den herannahenden Tod.

In diefem hohen Grade der Krankheit, ja felbft fchon vor den fürchterlichften Sympto-

Symptomen, welche hier erwehnt worden,
find felbft die beften Gegenmittel und
nämlich das Unterbinden, Skarifiziren und
die Zugpflafter, nicht weiter im Stande
den Fortgang des Giftes zu hemmen.
Wenn fich aber bei folchen Umftänden
keine Hämorrhagie äufsert und dennoch
die Heftigkeit der Action des Herzens
und der Arterien überhand nimmt, dann
mag man wohl aus Mitleiden zur Lancette
feine Zuflucht nehmen. Ich erwähne hier
nicht der Anwendung antiphlogiftifcher
Mittel, da die Lage des unglücklichen Patienten wohl fchwerlich dergleichen noch
wirkfam werden läfst.

Diefer Abhandlung hätte ich gerne eine
genauere Unterfuchung über die Wirkungen des Gifts der Klapperfchlange auf den
Menfchen, und auf andere Thiere, wie
auch eine Analyfe des Gifts felbft, beige-
fügt. Der Gegenftand ift für die Medicin
überhaupt, befonders für die Phyfiologie
fehr wichtig. Bis jetzt hat es mir indefs
nur an Zeit dazu gefehlt, und ich darf fa-

G   gen,

gen, auch an einer hiezu nothwendigen Stärke [i]).

Bis daſs ich mich mit diefen lehrreichen Auseinanderfetzungen genau befaffe, zeige ich vor jetzt nur von dem Gifte felbſt folgendes an. Gewöhnlich iſt es von gelb-grünlicher Farbe; es nimmt aber mit der wachfenden Hitze der Jahrszeiten an Dunkelheit der Farbe zu. Während der Begattungszeit der Schlange iſt es dunkler als je, und alfo iſt feine Wirkung auch am fchrecklichſten. Ob indefs die Vermehrung der Stärke des Gifts fodann dem Zeugungstriebe oder nur allein der Hitze der Jahrszeit zuzufchreiben fei, bin ich vor jetzt noch nicht im Stande genau zu beſtimmen [k]).

Aus allen hier beigebrachten Bemerkungen folget, daſs oftmals die Wirkung des

i) Man erinnere fich aus der vorhergehenden Abhandlung deſſen, was Hr. Barton von feinem Abfcheu und von feiner Furcht gegen die Schlangen erwähnt. Z.

k) Wahrfcheinlich trägt die Brunſt vieles zu der heftigen Wirkung des Gifts bei. Z.

des tödlichen Gifts der Klapperſchlange
durch ſehr einfache Mittel, welche dabei
faſt Jedermann zu Gebote ſtehen, glücklich kann gehemmet werden. Ich rufe
daher die Aerzte beſonders deſshalb auf,
genau hierauf Acht zu haben, weil ſich
hiebei eine Aehnlichkeit mit der Curart
des Biſſes vom tollen Hunde zeiget. Man
laſſe endlich den Gedanken von abſolut ſpe-
cifiſchen Mitteln fahren, und danke der
weiſen Einrichtung der Natur, daſs man
bei ihr ſo viele und leicht aufzuſuchende
Mittel in jedem der drei Naturreiche vor-
findet, wodurch die Leiden und das Elend
des Menſchen zu erleichtern ſtehen.

Ich beſchlieſse dieſe Abhandlungen über
die wirkſamſten Mittel gegen das Gift
der Klapperſchlange, mit einem Verzeich-
niſs derjenigen Pflanzen, welche theils von
den Indianern, theils von hieſigen Europäern in ähnlicher Abſicht empfohlen werden. Einige derſelben gelten bei ihnen
als innere, andere als äuſsere Heilmittel;
noch andere werden für beides gebraucht.
Ich habe, um dieſen Unterſchied hier

leicht

leicht überfehen zu können, die erfteren mit einem Kreutze (†), die zweiten mit einem Sterne(*), die letzteren aber mit beiden Zeichen bemerkt. Hier folgt das Verzeichnifs felbft, nebft den deutfchen und englifchen Nahmen:

1) Sanguinaria canadenfis, Canadifches Blutkraut *; Pucpuccoon; Blood - root, Turmerich. 2) Hypoxis erecta; Aufftehender Härling †; Erect Hypoxis, Star of Bethlehem. 3) Laurus Saffafras; Saffafras *; Saffafras. 4) Polygala fenega; Klapperfchlangenwurzel * †; Seneka Snake - Root. 5) Prenanthes alba; weifser Prenant †; White Ivyleaf; Dr. Witt's Snake - Root. 6) Hieracium venofum; Adrichtes Habichtskraut †; Veiny Hawkweed. 7) Cunila Mariana †; Dittany; Wild Bafil. 8) Collinfonia Canadenfis; Canadifche Collinfonie †; Horfe Weed; Knot - root. 9) Hydrophyllum Canadenfe †; Scaly root. 10) Ribes nigrum; Schwarze Johannisbeer †; Black currant. 11) Eryngium foetidum; Stinkende Mannskraft †; Foetid Eryngo. 12) Arctium Lappa;

pa; gemeine Klette *; Burdoc. 13) Uvularia perfoliata, Durchbohrtes Zapfenkraut *; Perfoliate Uvularia. 14) Aletris farinofa; Melichte Aletris; Star gras. 15) Afarum Virginicum? Virginifche Hafelwürz ; Hearl-Snake-root. 16) Marrubium vulgare, Gemeiner Andorn †; White Horehound. 17) Scorzonera Hifpanica; Spanifche Scorzoneré; Garden Vipersgras. 18) Solidago ; Goldruthe †*; Golden rod. 19) Iuglans oblonga; weifse Wallnufs *; White Walnut, Butternut. 20) Cynogloffum Virginicum; Virginifche Hundszungé†; Virginian Houndstongue. 21) Convolvulus arvenfis? kleine Winde*; leaft Bind-weed. 22) Actaea racemofa; Traubenförmiges Chriftophskraut†; American Bane-berry; Blake Snake-root; Rattle weed. 23) Sanicula Canadenfis, Canadifcher Sanikel †; Canadian Sanicle. 24) Veratrum luteum; gelber Germer; Rattle. Snake-root. 25) Erigeron philadelphicum, Philadelphifches Flöhkraut †*; Robins Plantain. 26) Liriodendron Tulipfera; der Tulpenbaum†; Tuliptree-Poplar.

plar [1]). 27) Crocus fativus; gemeiner Safran †; Common Safron. 28) Fraxinus; die weiße Aefche†; White Afh. 29) Chryanthemum; Wucherblume; St. Anthony's Croff. 30) Convallaria; Thalkrant †; Solomons Seal. Hievon werden mehrere Arten gebraucht. 31) Ulmus Americana; amerikanifche Rüftern *; American Elm. 32) Ofmunda americana (?), Virginifcher Ofmund, Fern-Rattle-Snake-Root. 33) Juffiaea; Juffieue *†; Wood Plantain; Rattle-Snake Plantain. 34) Hieracium Kalmii; Kalms Habichtskraut *†; Poor Robins Plantain.

---

[1]) Die Tfchirokefen geben die Infufion der zerftofsenen innern Rinde hievon, den von der Klapperfchlange gebiffenen Pferden. Diefe Rinde hat eine reizende, und fchweistreibende Kraft. Ich weifs nicht, dafs fie bei Menfchen gebraucht wird. A. d. O.

Einigen diefer Namen fehlt auch im Originale, das Zeichen. Z.